루미곰의
기초 덴마크어

루미곰의

기초 덴마크어

발 행 2019년 4월 12일

저 자 꿈그린 어학연구소

일러스트 Nuri Chloe Kwon

펴낸곳 꿈그린

E-mail   kumgrin@gmail.com

ISBN: 979-11-954905-7-8

머 리 말

이 책은 덴마크어를 처음 접하는 학습자들을 대상으로 실생활에서 바로 사용할 수 있는 기본 문법 및 회화를 담고 있는 기초 덴마크어 회화 학습서이다.

여행 등 단기 체류 시에 필요한 여행 회화부터 유학 등으로 장기간 거주 시 활용할 수 있는 생활 속 표현을 중심으로 구성하였다.

각 과는 본문과 연관된 꼭 필요한 문법 및 필수 암기 단어만을 설명함으로써 문법에 대한 부담을 줄이고 본문을 이해하는 것에 초점을 맞추었다. 본문에 한글 발음을 수록함으로써 학습자가 조금 더 쉽게 본문을 발음하고 익힐 수 있도록 하였다.

특히 이 책은 큰 호평을 받았던 '루미곰과 휘바휘바 기초 핀란드어'로부터 시작된 루미곰의 스칸디나비아 언어 시리즈 중 하나로, 스칸디나비아 언어를 처음 배우는 이들에게 좋은 출발점이 될 것이다.

이 책이 나오기까지 많은 분들의 도움을 받았다. 집필의 계기를 만들어 주었고 같이 본문 내용을 구성해 주었던 원어민 동료들과 귀여운 곰 케릭터 Lumi 를 탄생시킴과 동시에 멋진 일러스트를 그려준 일러스트레이터 Nuri Chloe Kwon 모두에게 감사의 말씀을 전하고 싶다.

이 책을 통하여 많은 덴마크어 학습자들이 쉽게 덴마크어를 접하고 이해할 수 있는 기회가 되었으면 하는 바람이다.

2019 년 3 월

차 례

* 주요국명, 언어, 사람, 나라 형용사형

-언어 가능 여부 묻기
1. 동사의 현재형
2. 조동사 kunne
3. gøre 동사와 대동사
*접속사

- 유용한 표현 Værs'go!
1. 동사 hedde
2. 동사 få
3. 명사의 성: 양성명사와 중성명사
4. 지시대명사

1. 동사의 과거형
2. 동사의 미래형
3. 도치
4. 의문사 hvilken-hvilket-hvilke
*방위

- 부정문의 대답 Jo
- 소유 구문
1. 부정대명사 nogen, noget, nogle / ingen, intet
2. 명사의 정형과 부정형

* 명사의 어미 정리

-도움 요청 표현
1. 인칭대명사 목적격
2. 시간 묻기
3. 숫자 (기수)
<교통 관련 단어>

- '생각하다' 동사
1. 주격보어 형용사의 변화
2. 동사의 현재완료
3. 종속절과 접속사 at
*주요 종속접속사
4. 부사

-가격 흥정 표현
1. 형용사의 명사 수식
2. 조동사 ville
3. 색
<식품 관련 단어>

-길 안내 표현
1. 존재 구문 정리
2. 동사의 명령형

3. 동사의 현재분사
4. 동사 변화 정리
<장소 관련 단어>

-나이 소개 표현
1. 인칭대명사 소유격
2. 형용사의 비교급과 최상급
3. 형용사 동등비교
<사람 관련 단어>

-하루 구분 표현
1. 조동사 skulle
2. 동사 blive
3. 숫자 서수 및 월, 요일, 날짜
4. 주요 전치사
<집안 사물 관련 단어>

-청유 표현
1. 정적, 동적 부사
2. 재귀 동사와 재귀 대명사
3. 재귀 소유 대명사
4. 조동사 måtte

-식당에서 쓸 수 있는 표현
1. 관계 대명사
2. 강조 구문
3. 조동사 정리
<요리 관련 단어>

-아픔을 나타내는 표현
1. 수동태
2. 간접 의문문
3. '~처럼 보인다' 구문
<신체 관련 단어>

- 날씨 표현
1. det의 용법
2. 가정법
* 계절
<날씨 관련 단어>

▌덴마크어 문자와 발음

1 알파벳

a (에)	i (이)	q (쿠)	y (위)
b (베)	j (요)	r (에아)	z (제트)
c (세)	k (코)	s (에스)	æ (에)
d (데)	l (엘)	t (테)	ø (외)
e (에)	m (엠)	u (우)	å (오)
f (에프)	n (엔)	v (베)	
g (게)	o (오)	w (두블르베)	
h (호)	p (페)	x (엑스)	

2 발음

1) 주의해야 할 모음 발음

덴마크어의 모음은 a, e, i, o, u, y, æ, ø, å와 같다. 단자음 앞의 단모음은 길게 발음하고 복자음 앞의 모음은 짧게 발음해야 함을 기억하자. 참고로 자음 r이 단어 중간이나 끝에 오는 경우도 단어가 장음화 된다. (예)park (파-크) 공원)

lyse(뤼-세) 밝은: s앞의 y가 길게 발음 됨.

jakke(야그) 자켓: kk앞의 a가 짧게 발음 됨.

å: 입을 동그랗게 오므린 상태에서 '오' 발음.

æ: 한국어의 '아' 와 '애'의 중간발음이다. 힘을 빼고 e를 발음하는 혀의 위치에서 a를 발음 할 때처럼 조금 더 입을 크게 벌려 발음한다.

ø: 한국어의 '외'와 비슷한 발음이지만 e의 혀 위치에서 o를 발음할 때처럼 입을 동그랗게 오므려 발음한다는 점에서 차이가 있다. øj, øg는 '오이'로 발음한다.

høj (호이) 높다, tøj (토이) 옷

y: 한국어의 '위'와 '이'의 중간 발음. i의 혀 위치에서 u를 발음하듯 입을 동그랗게 오므려 발음한다.

e: e가 말미에 오는 경우 강세는 없는 상태에서 살짝 '에' 발음을 해준다. 참고로 ig, eg, ej, aj 는 '아이'로 발음한다.

 jeg (야이) 나, hej (하이) 안녕, nej(나이) 아니오

u: u다음 nk, ng, m이 오는 경우 u가 '오'에 가깝게 발음이 됨을 기억하자.

 ung (웅) 젊은, dum(돔) 어리석은

2) 주의해야 할 자음 발음

 d: d앞에 l, n, r이 오는 경우 및 d 다음에 s, t가 오는 경우, d는 묵음이다. 즉, ds, dt, ld, nd, rd 뒤의 d는 묵음이다. 또한 과거형 어미 ede와 같은 모음다음 d가 오는 경우 및 d가 모음 사이에 껴 있는 경우 아주 약한 발음의 '드'로 발음한다.

 ild(일) 불, mand(맨) 남자, vidste(비스테) 알았다, fedt(페트) 차가운, mad(매ㄷ) 음식

g: r, o, å, ra 다음 g가 올 경우, 묵음에 가까운 '우'로 발음한다.

12

ug, org, lg 및 모음다음 ge가 오는 경우도 이와 비슷하게 묵음에 가깝다. ng는 비음으로 영어의 ing와 비슷한 '응' 발음이다.

krage (크라우) 까마귀, bog (보우) 책, salg (셀) 세일, kugle (쿠레) 공

h: h다음 v와 j가 오는 경우, 즉 hv, hj 의 h는 묵음이다.

hvem(벰) 누구, hvor(보) 어디

k: k가 단어 중간에 있는 경우, g로 발음된다.

skib (스깁) 배, sko (스고) 신발

p: 만약 p가 단어 중간에 있는 경우, b로 발음 된다.

spille (스빌레) 놀다, spis (스비스)

t: 만약 t가 단어 중간에 있는 경우, d로 발음 된다. 참고로 중성어미 -et의 경우 아주 약한 발음의 '으'로 발음한다.

rotte(로데) 쥐, stol (스돌) 의자, huset(후스) 그 집

v: ve 혹은 vn으로 끝나는 단어, 모음 다음 v가 오는 경우, v는 '우'로 발음한다. 또한 -lv의 v는 묵음이다.

havn (하운) 항구, brev (브레우) 편지, lov(로우) 법, halv(헬) 반

▌Kapitel 1 Hvordan går det?

Mari: Hej, Hvordan går det?
　　　하이　보단　고 데

Lumi: Det går godt. Hvad med dig?
　　　데 고 곳　바 메 다

Mari: Godt, tak!
　　　곳　탓

1과 어떻게 지내세요?

마리: 안녕하세요,

　　어떻게 지내세요?

루미: 잘 지내요.

　　당신은요?

마리: 좋아요, 고마워요.

hvordan 어떻게

går 가다

det 그것

godt 좋다

hvad 무엇

med ~와 함께

dig 당신을 (목적격)

tak 감사합니다

1 감사표현

Tak! 는 가장 많이 쓰는 감사 표현이다. Tusind tak! 혹은 Mange tak! 이라 하면 '정말 감사합니다'라는 뜻이 된다. 정중한 감사표현으로는 'Tak skal du have.'가 있다.

답변으로는 '천만에요'에 해당하는 Selv tak! 혹은 Det var så lidt! (별것 아닙니다) 등이 있다.

A: Mange tak! 정말 감사합니다.

망예 탁

B: Selv tak! 천만에요.

셀 탁

2 인사표현

인사를 받는 법은 상대방의 인사 말을 그대로 반복해 주면 된다. 보통 Goddag! 을 많이 쓰며 더욱 구어적인 표현으로는 (God)dav! 가 있다.

특히 God aften의 경우, 영어의 Good afternoon의 경우 오후 인사지만, 덴마크어의 God aften! 은 저녁인사이다.

God morgen! (아침인사)
고 모온
Goddag! (낮 인사)
고 데-
God aften! (저녁 인사)
고 아프테
God nat! 잘 자요. (자기 전에)
고 넷

-헤어질 때

헤어질 때 쓰는 표현으로는 Farvel! 이 있으며, '다음에 보자'
라는 말을 덧붙이려면 여기에 på gensyn를 덧붙여 준다. 또한
Vi ses! 도 잘 쓰이는 표현이다.

Farvel, på gensyn! 안녕, 다시 만나요!
파벨 포 겐쉬
Vi ses! 다음에 봐요.
비 세스

3 안부 묻기

안부를 물을 때 자주 쓰이는 표현으로는 Hvordan går det? 이 있다. 답변 시 '좋다'는 의미의 'godt'를 활용하여, Det går godt/ udmærket! 등과 같이 나타낼 수 있다.

부정의 뜻의 ikke를 이용하여 Det går ikke så godt! 라 답하여 '별로 좋지 않습니다' 라고 표현할 수도 있다.

　A: Hvordan går det? 어떻게 지내세요?
　　　보단 고 데
　B: Det går godt! 매우 좋습니다.
　　　데 고 곳
　　　Det går ikke så godt! 그다지 좋지 않아요.
　　　데 고 이케 소 곳

▲ 코펜하겐의 명물 인어공주상

Kapitel 2 **Hvad hedder du?**

Lumi: Hvad hedder du?
바 헤어 두
Minho: Jeg hedder Minho.
야 헤어 민호
Lumi: Undskyld, Hvad siger du? Minho?
운스퀼 바 시어 두 민호
Minho: Ja, jeg er Minho.
야 야 에 민호
Lumi: Hyggeligt at møde dig! Jeg hedder Lumi.
휘겔리 엣 뫼 다 야 헤어 루미

2과 이름이 뭐에요?

루미: 이름이 뭐에요?

민호: 저는 민호라고 합니다.

루미: 미안해요.

　　뭐라고 하셨죠? 민호?

민호: 네, 민호입니다.

루미: 만나서 반갑습니다.

저는 루미입니다.

hvad 무엇

jeg 나

hedder　~로 불리다

undskyld 미안합니다,

　　　실례합니다

siger 말하다

ja 네

er 이다

hyggeligt

좋은, 편안한

at (부정사)

møde 만나다

dig 당신을

21

- 예, 아니오 Ja / Nej

긍정의 답변의 경우 '예'란 의미의 Ja(야)를 쓰고, '아니오'라고 하고 싶을 때는 Nej(나이)라고 하면 된다.

- 이름 묻기 Hvad hedder du?
바 헤델 두

이름 묻는 표현으로 가장 자주 쓰이는 것은 '불리다'란 뜻의 동사 hedder를 이용한 Hvad hedder du? 로, 의문사(무엇) + 동사 + 주어 순임을 기억하자. 답변은 주어 다음 동사 변화 없이 'Jeg hedder + 이름'과 같이 표현하면 된다.

- 다시 되묻기 Hvad siger du?
바 시어 두

Hvad siger du? 는 '뭐라고 하셨죠?'란 뜻으로 다시 되묻는 표현이다. Hvad mener du? 는 '무슨 뜻이세요?'이고, 잘 이해가 안 된다고 말하려면 'Jeg forstår ikke.'라고 하면 된다.

1 처음 만날 때

Hyggeligt at møde dig! 혹은 En fornøjelse at møde dig! 와 같이
쓰여 만나서 반갑다고 표현할 수 있다. Fornøjelse는 기쁨이란
뜻이다.

Hyggeligt at møde dig! 만나서 반갑습니다.
휘겔리 엣 뫼 다
En fornøjelse at møde dig!　만나서 영광입니다.
엔 포노엘세 엣 뫼 다

2 사과표현

Undskyld!는 영어의 sorry외에 excuse me의 의미까지 포함하
는 말로 길을 묻거나, 식당에서 종업원을 부를 때도 사용가능
하다.

누군가가 Undskyld! 라고 사과를 한다면 이에 대한 대답으로
는 Det gør ikke noget. 혹은 Det er i orden! 이라고 대답하면 된
다.

A: Undskyld!　미안합니다.
　운스퀼

23

B: Det gør ikke noget. 괜찮아요.
데 고 이케 노

3 인칭대명사 주격

나	jeg	야
당신	du/De	두/디
그	han	한
그녀	hun	훈
우리	vi	비
당신들	I /De	이/디
그들	de	디

*De는 정중한 2인칭 표현으로 대문자로 써준다.

24

4 동사 være: ~이다

덴마크어에서 동사는 시제에 따라 변할 뿐 인칭변화를 하지
는 않는다.

være 동사는 '~이다'가 기본 뜻으로 영어의 be 동사의 역할을
한다. 'A는 B다'라고 표현하려면 være동사의 현재형 er를 써서
'A er B'와 같은 형태가 된다.

være (원형)- er(현재형) - var(과거형) – været(과거분사)

나는~이다	Jeg er
당신은~이다	du/De er
그는~이다	Han er
그녀는~이다	Hun er
우리들은~이다	Vi er
당신들은~이다	I /De er
그들은~이다	De er

Kapitel 3 Jeg kommer fra Korea.

Mari: Hvor kommer du fra?
보 콤모 두 프라
Minho: Jeg kommer fra Korea.
야 콤모 프라 코레아
Kommer du fra Finland?
콤모 두 프라 핀란ㄷ
Mari: Nej, jeg kommer **ikke** fra Finland.
나이 야 콤모 이케 프라 핀란ㄷ
Jeg kommer fra Danmark.
야 콤프 프라 덴마ㅋ

3과 저는 한국에서 왔어요.

마리: 당신은 어디서 왔나요?

민호: 저는 한국에서 왔어요.

　　　당신은 핀란드 출신인가요?

마리: 아니요,

　　　저는 핀란드사람이 아니에요.

　　　저는 덴마크에서 왔답니다.

hvor 어디

kommer 오다

fra

~에서, ~로 부터

Finland 핀란드

nej 아니오

ikke ~이 아닌

Danmark 덴마크

- 출신지 묻기 Hvor kommer du fra?
보　　콤모　　두 프라

　Hvor kommer du fra?는 영어의 Where are you from에 해당하는 말로, '오다, 출신이다'란 뜻의 동사 komme 대신 er를 사용해서 Hvor er du fra? 와 같이 물어볼 수도 있다.

　이 경우 대답은 Jeg er fra Korea. 와 같이 er로 대답해 주면 된다.

1 평서문과 의문문 어순

의문문은 주어와 동사의 위치를 바꾸어주면 된다.

평서문: 주어 + 동사 + 목적어 + 기타

     Jeg   kommer   fra Korea.   저는 한국에서 왔습니다.

의문문: **동사** + **주어** + 목적어 + 기타

     Kommer   du   fra Korea?   당신은 한국에서 왔나요?

2 의문사 의문문 어순

의문사를 이용한 의문문의 경우, 일반 의문문 어순 앞에 의문사를 위치시킨다. 결과적으로 동사는 문장구성성분의 2번째에 위치하게 됨을 알 수 있다. (동사의 도치참고)

평서문: 주어 + **동사** + 목적어 + 기타

     Jeg   kommer   fra Korea.   저는 한국에서 왔습니다.

의문사 의문문: **의문사** + **동사** + 주어 + 목적어 + 기타

     Hvor kommer   du fra?   어디서 왔나요?

주요의문사

누가	hvem	벰
언제	hvornår	버노
어디서	hvor	보
무엇을	hvad	바
어떻게	hvordan	보단
왜	hvorfor	보퍼
어떤	hvilken/hvilket/hvilke	빌켄/비켓/비케

3 부정의 ikke

영어의 not에 해당하는 ikke를 동사 뒤에 위치시킴으로써 문
장을 부정(否定)할 수 있다. 또한 aldri (영어의 never)를 써서 '
결코~하지 않다'라는 뜻을 표현 할 수도 있다.

평서문: 주어 + 동사 + 목적어 + 기타
　　　Jeg kommer fra Korea. 저는 한국에서 왔습니다.

부정문: 주어 + 동사 + **ikke** + 목적어 + 기타
　　　Jeg kommer ikke fra Korea.
　　　저는 한국에서 오지 않았습니다.

4 나라, 언어, 사람

덴마크어는 형용사형을 사용하여 언어를 표현한다. 국명만 대문자로, 언어나 사람은 소문자로 쓴다. 사람의 복수형은 r로 끝난 단어에는 e를, e로 끝난 단어에는 r을 붙인다.

국명: Jeg kommer fra **Korea**. 저는 한국에서 왔습니다.

언어: Taler du **koreansk**? 한국어를 하십니까?

사람: Han er **koreaner**. 그는 한국인입니다.

	나라	형용사	사람
한국	Korea	koreansk	koreaner
스웨덴	Sverige	svensk	svensker
핀란드	Finland	finsk	finne
덴마크	Danmark	dansk	dansker
노르웨이	Norge	norsk	nordmand
미국	Amerika	amerikansk	amerikaner
영국	England	engelsk	englænder
독일	Tyskland	tysk	tysker
프랑스	Frankrig	fransk	franskmand
스페인	Spanien	spansk	spanier
이탈리아	Italien	italiensk	italiener
일본	Japan	japansk	japaner
중국	Kina	kinesisk	kineser
네덜란드	Holland	hollandsk	hollænder

Kapitel 4 **Taler du dansk?**

Mari: Taler du dansk?

텔러 두 덴스크

Lumi: **Ja, det gør jeg. Kan** du tale koreansk?

야 데 고야 칸 두 탈레 코레안ㅅㅋ

Mari: Nej, det **kan** jeg ikke. Kan du også engelsk?

나이 네 칸 야 이케 칸 두 오소 엔겔ㅅㅋ

Lumi: Ja, men kun lidt.

야 멘 쿤 리ㅌ

4과 덴마크어를 하나요?

마리: 덴마크어를 하나요?

루미: 네, 합니다.

　　한국어를 할 수 있나요?

마리: 아뇨, 못해요.

　　덴마크어만 한답니다.

　　영어도 할 수 있으세요?

루미: 네,

　　하지만 조금 하는 정도에요.

taler　(tale)

말하다

dansk 덴마크어

ja 네

gør (gøre)

하다 (대동사)

koreansk 한국어

kan 할 수 있다

også 또한

men 그러나

kun 오직

lidt 조금

본문 팁

- 언어 가능 여부 묻기 **Taler du dansk?**

텔러 두 덴스크

언어는 3과에서 공부했던 대로 국명의 형용사형을 사용해 Taler du dansk? 와 같이 표현한다.

답변으로는 질문문의 어순을 바꿔 Jeg taler dansk. 와 같이 답변하거나, 못한다고 답변하고자 한다면 Jeg taler ikke dansk. 라고 하면 된다.

A: Taler du dansk? 덴마크어를 하십니까?

B: Ja, jeg taler dansk. 네, 덴마크어를 합니다.

A: Taler du koreansk? 한국어를 하십니까?

B: Nej, jeg taler ikke koreansk. 아니요, 한국어는 못합니다.

1 동사 현재형: ~(e)r

동사의 현재형은 원형의 어미가 변화하여 ~(e)r로 끝나는 형태로, '~한다'라는 뜻을 나타낸다. (11과 참조)

참고로 영어의 to 부정사에 해당하는 동사원형 형태는 at 부정사라고 하여 ' at 동사원형' 형태로 나타내어 진다.

원형   현재형

at tale → taler (말하다)

at gøre → gør (하다)

at komme → kommer (오다)

2 조동사 kunne

조동사 kunne은 '~할 수 있다'와 같이 가능, 허용의 뜻을 가지고 있으며 조동사 다음에는 동사가 r로 끝나는 현재형이 아닌 동사원형이 온다.

구어적으로 본문의 Kan du engelsk? 와 같이 일반 동사를 생략하는 것도 가능하다.

kunne(원형) – kan (현재형) – kunne(과거형) – kunnet (과거분사)

Kan du tale engelsk? = Kan du engelsk? 영어 하세요?

3 gøre 동사와 대동사

gøre 동사는 '~를 하다, 만들다' 등의 뜻으로 영어의 do 동사에 해당한다. gøre 동사는 앞문장의 일반동사의 반복을 피하기 위해 대동사로 사용되기도 한다.

대동사를 이용하여 답변을 하려면, 긍정의 답변의 경우 '예'란 의미의 Ja를 쓰고, 부정의 경우 Nej로 '아니오'를 한 뒤, det + 대동사(gør) + 주어 + (ikke) 순으로 말하면 된다.

단, 조동사 및 동사 være (이다)와 have(가지다)는 각기 해당 동사가 오며, 그 외 일반 동사만 gøre 동사로 받는다.

gøre(원형) - gør(현재형) - gjorde(과거형) - gjort(과거분사)

> 긍정답변: Ja, det + 동사 + 주어.
> 네, 그래요.
> 부정답변: Nej, det + 동사 + 주어 + ikke.
> 아니요, 그렇지 않아요.

A: **Taler** du koreansk? 한국어를 말하나요?

B: Ja, det **gør** jeg. 네 합니다.

Nej, det **gør** jeg ikke. 아뇨 못합니다.

A: **Kan** du tale koreansk? 한국어를 할 수 있나요?

B: Ja, **det kan** jeg. 네, 할 수 있어요.

Nej, **det kan** jeg **ikke**. 아뇨, 할 수 없어요.

★ 접속사

men과 같이 자주 쓰이는 주요 접속사를 정리해두도록 하자.

그리고	**og**	오
그러나	**men**	멘
혹은	**eller**	엘레
때문에, 왜냐하면	**for**	포
그래서	**så**	소
A와 B 둘 다	**både A og B**	보 A 오 B
A 혹은 B	**enten A eller B**	엔텐 A 엘레 B
A와 B 모두 아닌	**hverken A eller B**	베아켄 A 엘레 B

Kapitel 5 **Hvad er det?**

Lumi: Hvad er **det**?
　　　바 에 데
Mari: **Det** er blåbær.
　　　데 에 블로베
Lumi: Hvad **hedder** 'blåbær' **på engelsk**?
　　　바 헬러 블로베 포 엔겔스크
Mari: Det hedder 'blueberry'.
　　　데 헬러 blueberry
Lumi: Kan jeg **få et** glas vand?
　　　칸 야 포 엣 글라스 벤
Mari: **Værs'go**!
　　　베아스고

5과 이것은 무엇인가요?

루미: 이것은 무엇인가요?

마리: 그것은 블루베리입니다.

루미: 블루베리는 영어로

　　　뭐라고 하나요?

마리: blueberry 입니다.

루미: 물 한잔

　　　마실 수 있을까요?

마리: 여기 있어요.

hvad 무엇

det 이것

et 중성 부정관사

blåbær 블루베리

hedder (hedde)

~라고 불리다

på ~으로

få 가지다

ett 중성 부정관사

glas 유리잔

vand 물

Værs'go

여기 있어요.

- Værs'go!
베아스고

  Værs'go는 상점에서 점원이 거스름돈을 돌려줄 때, 역에서 기차표 등을 받을 때, 레스토랑에서 웨이터가 메뉴나 음식을 건네줄 때 등, '자, 여기 있습니다'라고 말할 여러 상황에서 자주 쓰이는 표현이다. Værs'go란 표기 외에도, Vær så god! 혹은 Værsgod! 와 같이 표현하기도 한다.

  또한 누군가에게 길을 양보하며 '먼저 가세요', 손님을 집안으로 들이며 '어서 들어오세요', 기차에서 자리를 양보하며 '여기 앉으세요', 혹은 음식을 대접하며 '어서 드세요'라고 말하고자 할 때도 쓸 수 있는 매우 유용한 표현이니 꼭 기억해두도록 하자.

1 동사 hedde: ~로 불리다

hedder는 hedde 동사의 현재형으로, '~라고 불린다'라는 뜻으로 자기 이름을 소개할 때나 물건의 뜻을 설명할 때 사용 할 수 있다. 참고로 어떤 뜻인지 물어보려면 'Hvad betyder ~?'라고 한다. 'på+언어'는 '~언어로'라는 뜻을 나타낸다.

hedde (원형) - hedder(현재형) - hed(과거형) - heddet (과거분사)

Jeg **hedder** Mari.

저는 마리라고 합니다.

Hvad **hedder** det <u>på dansk</u>?

그것은 덴마크어로 뭐라고 합니까?

Det hedder blåbær.

그것은 blåbær 라고 합니다.

2 동사 få

기본 동사로서의 få는 기본적으로 '얻다, 가지다' 라는 의미이다. 따라서 무언가를 달라 하고 싶을 때와 같이 허가를 받고 싶을 때 'Kan/Må jeg få~'을 잘 활용하도록 하자.

또한 få에는 사역의 의미도 있어서 '(목적어)에게~하도록 시키다, 하도록 만들다'라는 뜻도 가지고 있다.

få (원형) - får (현재형) - fik (과거형) – fået(과거분사)

Kan jeg få ett glas vand?

물 한 잔 주시겠어요?

Han fik mig til at gå. (få+목적어+til at 동사원형)

그는 나를 가도록 만들었다.

3 명사의 성: 양성명사와 중성명사

덴마크어의 명사는 양성(en 명사)과 중성(et 명사)으로 나뉘어
진다. 따라서 영어의 경우 부정관사가 a 하나지만, 덴마크어의
경우에는 부정관사도 두 개 존재한다.

양성명사의 부정관사는 en, 중성명사의 부정관사는 et로, 단어
가 어느 성이냐에 따라 정형(영어의 the +명사 형태)과 복수형
에서 붙는 어말 어미 및 앞에 붙는 형용사의 형태가 달라지므
로 명사의 성을 잘 알아놓을 필요가 있다.

명사 두 개 이상이 합쳐진 합성 명사의 경우, 제일 마지막 명
사의 성이 그 합성명사의 성이 된다는 사실 또한 기억하도록
하자.

예) 양성명사: en kat 한 고양이 (a cat)

　　　　　en bil 한 자동차 (a car)

　　중성명사: et hus 한 집 (a house)

　　　　　et glas 한 유리잔 (a glass)

4 지시대명사

영어의 it은 덴마크어에서 den (양성)과 det (중성)으로 나뉘며, 복수의 경우 de를 쓴다. 앞 문장을 모두 받거나, 명사의 성을 모를 때는 본문의 Hvad er det? 와 같이 det을 쓴다.

특히 이 den, det, de는 정관사(영어의 the)로도 쓰이며 용법은 나중에 배울 형용사의 명사수식(형용사의 한정용법)을 참조하도록 하자.

	양성	중성	복수
지시대명사	den	det	de

Han købte en bil. / **Den** er dyr.

그는 차를 샀다. 그것은 비싸다.

Han købte et hus. / **Det** er dyrt.

그는 집을 샀다. 그것은 비싸다.

Jeg købte blomster. / Hvad hedder **de**?

 (blomster는en blomst의 복수)

나는 꽃들을 샀어요. 그 꽃들은 뭐라고 부르나요?

또한 영어의 this, that 에 해당하는 지시사 또한 아래와 같이
남성 및 여성과 중성으로 나뉘어 진다.

	양성	중성
이것(this)	denne	dette
이것들(these)	disse	
그것(that)	den	det
그것들(those)	de	

Kapitel 6 **Hvor bor du?**

Lumi: Mari, hvor bor du?
마리 보 보어 두
Mari: Sidste år **boede jeg** i Aarhus.
시스테 오 보에 야 이 오후스
Nu **bor jeg** i København.
누 보 야 이 쾨벤하운
Men jeg **vil bo** i Odense næste år.
멘 야 빌 보 이 오덴세 네스테 오
Lumi: Hvor er Odense?
보 에 오덴세
Mari: Det er vest for København.
데 에 베스트 포 쾨벤하운
Hvilket land bor du i?
비켓 란 보 두 이
Lumi: Jeg bor i Korea.
야 보 이 코레아

6과 어디서 살아요?

루미: 마리, 어디서 살아요?

마리: 저는 작년에

오르후스에서 살았어요.

지금은 코펜하겐에서 살아요.

그러나 내년에는

오덴세에서 살 예정입니다.

루미: 오덴세는 어디인가요?

마리: 코펜하겐의 서쪽에 있답니다.

어느 나라에서 사세요?

루미: 한국에서 살아요.

bor (bo) 살다

boede (bo)

살았다

i ~(안)에서

sidste år 작년

nu 지금

vil ~일 것이다

næste år 내년

vest 서쪽

for ~의

hvilket (hvilken-
hvilket-hvilke)
어떤

land 나라

1 동사의 과거형: -ede, -te

이미 끝난 상태나 행동을 나타내기 위해서 동사의 과거형을 쓴다. 동사의 과거형은 불규칙형 외에 -ede로 끝나는 형과 -te 로 끝나는 형이 존재한다. (11과 동사변화표 참조)

-ede로 끝나는 예: tror(믿다) - tro**ede** (믿었다)

-te로 끝나는 예: taler(말하다) - tal**te**(말했다)

불규칙: får(얻다) - **fik** (얻었다)

2 동사의 미래형

미래를 나타내는 방법으로는 예정, 미래를 나타내는 조동사 skal이나 vil을 이용할 수 있다. skal은 확정된 미래, vil은 희망 이 포함된 미래에 가까워 '~하고 싶다'고 해석하기도 한다.

또한 간단히 동사의 현재형에 내일, 모레 등과 같이 미래를 나타내는 표현을 같이 써서 미래를 표현할 수도 있다. (13과 하 루 구분 참조)

Jeg **skal** læse. 나는 읽을 것이다.

Jeg læser <u>i morgen</u>. 나는 내일 읽을 것이다.

3 도치

동사가 문장의 제일 앞에 오면 그 문장은 의문형이 된다. 주어로 시작되는 평서문의 경우, '주어 + 동사 + (부사) + 목적어 + 기타'의 어순을 가지게 되는데, 주어 이외의 성분, 즉 부사, 목적어, 부정어, 보어 등이 문 두에 올 경우, 주어와 동사가 도치된다.

결론적으로 평서문에서는 도치 여부에 관계없이 동사가 항상 두 번째에 놓이도록 문장이 구성된다.

문장 구조에서 동사는 항상 두 번째에 위치!

본문 Nu bor jeg i København 에서 주어와 동사가 도치된 이유도 부사인 nu가 앞에 왔기 때문이다. 반대로 men의 경우 접속사이기 때문에 앞에 왔음에도 도치되지 않았다.

Han købte en bog i butikken. 그는 가게에서 책을 샀다.

I butikken købte han en bog. 가게에서 그는 책을 샀다.

4 의문사 hvilken-hvilket-hvilke

'어떤'이란 뜻을 가지고 있는 영어의 which에 해당하는 의문사 hvilken는 성과 수에 따라 변화한다. 본문에서 Hvilket land 가 된 이유도, land가 중성명사이기 때문이다.

예를 들어 남성명사 en bil로 '어떤 차'냐고 물어보려면 Hvilken bil 이 되고, 중성명사 et dyr의 경우 경우 '어떤 동물'이라고 하려면 vilket을 이용하여 Hvilket dyr 와 같이 문장을 시작해야 한다. hvilke는 복수형이다.

Hvilken type vil du have? 어떤 타입으로 하시겠어요?

Hvilket land bor du i? 어느 나라에 사세요?

방위

방위를 나타내는 말은 다음과 같다.

'~의'란 말을 앞에 붙이고 싶으면 for를 방위 뒤에 붙여준다.
(øst for: ~의 동쪽) 참고로 남한과 북한은 Sydkorea,
Nordkorea 라고 한다.

북쪽: nord

서쪽: vest   동쪽: øst

남쪽: syd

Kapitel 7 Har du en dansk ordbog?

Mari: Har du en dansk ordbog?
하 두 엔 덴스크 오어보
Lumi: Nej, det har jeg ikke.
나이 데 하 야 이크
Mari:Hvorfor køber du ikke ordbogen?
보퍼 쾨버 두 이크 오어보은
Lumi: Fordi jeg ikke har penge.
포디 야 일 하 펜
Mari: Har du **ikke nogen** penge?
하 두 일 논 펜
Lumi: **Jo**, selvfølgelig har jeg. Men det er meget dyrt.
요 세푈리ㅇ 하 야 멘 데 에 마 뒤어트
Mari: Der er et bibliotek i nærheden.
데 에 엣 비블리오텍 이 네어휀
Du kan låne bø**g**er på bibliotek**et**.
두 칸 로네 뵈어 포 비블리오테그

7과 덴마크어 사전이 있나요?

마리: 덴마크어 사전이 있나요?

루미: 아뇨, 없어요.

마리: 왜 그 사전을 사지 않나요?

루미: 왜냐하면 돈이 없기

　　　때문이에요.

마리: 돈이 전혀 없어요?

루미: 아뇨 물론 있지요.

　　　하지만 사전이 매우 비싸요.

마리: 주변에 도서관이

　　　한 군데 있어요.

　　　그 도서관에서

　　　책들을 빌릴 수 있어요.

ordbog 사전

har 가지다

hvorfor 왜

køber (købe) 사다

fordi ~때문에

penge 돈

nogen 약간의

selvfølgelig 물론

men 그러나

meget 많이

dyrt (dyr) 비싸다

bibliotek 도서관

i nærheden

주변에

bøger (bog) 책

본문 팁

- **부정문의 대답 Jo**

부정 의문문에 긍정으로 대답할 때는 Ja가 아닌 Jo 라고 대답
한다.

Er du ikke svensk? 스웨덴인 아니죠?

Jo, jeg er svensk. 아니에요, 스웨덴인이에요.

- **소유 구문 Har du~? / Der findes ~**

'소유'를 나타내고자 할 때는 영어의 have에 해당하는 have
동사를 써서 har du~? 와 같이 '~를 가지고 있어요?'라고 물어
볼 수 있다.

또한 '존재'를 나타내고자 할 때는 영어의 'There is~' 에 해당
하는 'Det findes + 명사' 구문을 써서 '~가 존재한다', 'Der er +
명사'를 써서 '~가 있다'라고 표현할 수 있다. findes 동사에 관
해서는 16과의 s수동태를 참조하길 바란다.

1 부정대명사 nogen, noget, nogle / ingen, intet

nogen, noget, nogle는 각기 양성단수, 중성단수, 복수에 쓰이는 부정대명사로 영어의 some(thing), any(thing)와 같은 의미를 지닌다. '어떤, 몇몇의, 조금' 가 기본 뜻으로, 대개 nogen은 '누군가, 무엇/누군가의', noget은 '몇몇의, 무엇인가'의 뜻 및 불가산 명사와 함께 형용사적 용법으로 쓰인다. Nogle은 '몇몇의 사람들, (다수의)무엇/사람의~'의 의미이다.

ingen, intet 은 부정대명사 nogen, noget, nogle 의 부정(否定)형이다. 즉, ikke nogen, ikke noget 으로도 바꿔 쓸 수 있으며, 복수의 경우 ikke nogen 을 쓴다. 참고로 ingenting 은 영어의 nothing 에 해당되는 표현이다.

양성단수	중성단수	복수
nogen	noget	nogle
ikke nogen	ikke noget	ikke nogen
=ingen	=intet	=ingen (+복수)

Er der **nogen** her? 여기 누구 계시나요?

Vil du have **noget** at drikke? 무엇인가 마실 것을 드릴까요?

Han har **nogle** biler. 그는 차를 몇 대 가지고 있습니다.

Har du **nogle** penge? 돈 좀 있으세요?

- Nej, jeg har **ikke nogen** (**=ingen**) penge.

아니요, 돈이 전혀 없어요.

2 명사의 정형(定形) 과 부정형(不定形)

덴마크어에도 부정관사(不定冠詞)와 정관사(定冠詞)가 존재하지만 영어와는 용법 차이가 있다.

불특정 하나를 나타낼 경우 성에 따라 en 혹은 et의 부정관사를 이용하나, 특정의 '그것'을 지칭하기 위해서는 앞에 관사를 붙이는 것이 아닌 뒤에 단수 정형(定形)어미를 붙인다. 즉, 영어의 경우 명사를 특정하기 위해서 the를 앞에 붙이는 반면, 덴마크어의 경우 명사 뒤에 정형 어미를 붙인다.

또한 복수의 '~들'을 표현하려면 복수 부정형(不定形)어미를 붙인다. 이는 영어의 경우 명사 뒤에 s를 붙이는 것과 비슷하다.

'그~들'과 같이 복수의 그것들을 지칭하려면 복수 정형어미를 단어 뒤에 붙인다. 영어와 비교하자면 'the 명사s'의 형태에 해당한다.

예를 들어 '차'란 뜻의 단어 bil을 통해 부정형과 정형의 단, 복수형을 비교하면 아래와 같다.

예) 양성명사 bil

한 차 **en** bil: 단어 앞에 부정관사 en이 붙음.

차들 bile**r**: 단어 뒤에 복수 부정형어미 er가 붙음.

그 차 bil**en**: 단어 뒤에 단수 정형어미 en이 붙음.

그 차들 bil**erne**: 단어 뒤에 복수 정형어미 erne가 붙음.

2-1. 명사의 부정형 복수 ('~들')를 나타내는 복수 부정형 어미

복수의 '~들'을 의미하는 복수 부정형 어미는 끝에 -(e)r, -e를 붙이거나 무변화하는 여러 경우가 있으며, 이는 양성이나 중성 명사 상관 없이 섞여서 나타난다. 대개 단음절의 양성 명사에서 -(e)r, -e를, 단음절 중성 명사에서 무변화이나 모든 단어에 해당되는 것이 아님을 유의하자.

새로운 단어를 공부할 때 마다 이 단어의 복수형이 어떤 어미를 취하는지 의식적으로 체크하도록 하자.

2-2. 명사의 정형 단수('그~')를 나타내는 단수 정형 어미

단수를 지칭하기 위한 단수 정형 어미는 양성명사는 (e)n으로, 중성명사는 (e)t의 형태로 끝난다.

어미가 강세가 없는 e로 끝나는 경우 각기 -n과 -t만을, 그 외의 경우는 -en, -et를 붙여준다. 단, 강세 없는 e 다음 l, n, r이 오면 앞의 e를 떼주고 어미를 붙여준다.

또한 강세 단모음 후에 자음으로 끝나는 단어의 경우 마지막 자음을 반복해 주고 -en, -et를 붙인다.

참고로 museum과 같이 um으로 끝나는 단어의 경우, um을 떼고 어미를 붙여 museet과 같은 형태가 된다.

2-3. 명사의 정형 복수('그~들')를 나타내는 복수 정형 어미

복수를 지칭하기 위한 복수 정형 어미는 각 복수형에 (e)ne를 붙이는 형태이다.

복수형이 -er, -e로 끝나는 경우 -ne만을, 무변화 복수형의 경우 ene를 붙여준다. 또한 복수형이 -ere로 끝나는 경우는 마지막 e를 떼고 -ne를 붙여 -erne의 형태가 된다.

★ 명사의 어미 정리

단수부정형 조건	복수부정형 어미	단수정형 어미	복수정형 어미
en 양성명사	-(e)r, -e 혹은 무변화	-(e)n	각 복수형에 + (e)ne
· et 중성명사		-(e)t	

	단수정형	복수정형
양성명사	① 어미가 강세 없는 e 로 끝: +n ②그 외의 경우:+en ③강세 단모음+자음 : 자음 반복 후 +en	(1) 복수형이 -er, e 로 끝나는 경우 : +ne (2) 단수, 복수형이 같은 경우 : +ene (3) 복수형이 -ere 로 끝나는 경우 : 끝의 e떼고 +ne
중성명사	④ 어미가 강세 없는 e 로 끝: +t ⑤ 그 외의 경우: +et ⑥강세 단모음+자음 : 자음 반복 후 +et	

①	en skole	skoler	skolen	skolerne
	한 학교	학교들	그 학교	그 학교들
②	en bil	biler	bilen	bilerne
	한 차	차들	그 차	그 차들
③	en kop	kopper	koppen	kopperne
	한 컵	컵들	그 컵	그 컵들
④	at vidne	vidner	vidnet	vidnerne
	한 증인	증인들	그 증인	그 증인들
⑤	et hus	huse	huset	husene
	한 집	집들	그 집	그 집들
⑥	et hotel	hoteller	hotellet	hotellerne
	한 호텔	호텔들	그 호텔	그 호텔들

▲ 코펜하겐의 티볼리(Tivoli) 공원 입구

Kapitel 8 **Hvad er klokken?**

Lumi: Undskyld **mig**, kan du hjælpe mig?
운스퀼 마이　칸 두 얄페 마이
Hvilken bus kører til lufthavnen?
빌켄 부스 쾨어 틸 루프타운
Mari: Det er linje 10.
데 에 린예 티
Lumi: Hvornår kører bussen?
보노 쾨어 부센
Mari: Bussen kører klokken halv fem (4:30).
부센　쾨어 클로켄 할ㅂ 펨
Lumi: **Hvad er klokken nu**?
바 에 클로켄 누
Mari: **Den er** kvart over fire (4:15).
덴 에 크봐 오어 퓌어

8과 몇 시 인가요?

루미: 실례합니다.

저를 도와주실 수 있나요?

어느 버스가 공항으로 가나요?

마리: 10번 버스에요.

루미: 언제 그 버스가 출발하나요?

마리: 그 버스는 4시 30분에 출발해요.

루미: 지금은 몇 시 인가요?

마리: 4시 15분 이에요.

undskyld mig 실례합니다.

hjælpe 돕다

mig 나를

buss 버스

til ~으로

lufthavn 공항

linje 선, 라인

hvornår 언제

kører (køre) 출발하다

halv 반

klokken 시간

nu 지금

kvart 15분

over ~지난

- 도움 요청 Kan du hjælpe mig?
칸 두 얄페 마이

사과 표현으로도 쓰이는 Undskyld! 에 mig를 붙여서 '실례합니다'란 뜻을 나타낼 수 있다. Undskyld mig 는 영어의 excuse me에 해당하는 표현으로써, 상대방의 주의를 환기할 때 쉽게 쓸 수 있는 표현이다.

또한 직접적으로 도움을 요청하고자 할 때는 영어의 'Can you help me?'에 해당하는 Kan du hjælpe mig? 를 쓸 수 있다.

'도와 주셔서 감사합니다'라고 하려면 'Tak for hjælpen!' 이라고 하면 된다.

1 인칭대명사 목적격

본문의 mig는 영어의 목적격 me와 같이 '나를'에 해당하는 Jeg의 목적격이다.

	주격		목적격	
나	jeg	나를	**mig**	마이
당신	du/De	당신을	**dig/Dem**	다이/뎀
그	han	그를	**ham**	함
그녀	hun	그녀를	**hende**	헨
우리	vi	우리들을	**os**	오스
당신들	I/De	당신들을	**jer / Dem**	야/뎀
그들	de	그들을	**dem**	뎀
그것	den, det	그것을	**den, det**	덴, 데

Jeg kan godt lide dig.

나는 당신을 좋아합니다.

(kan godt lide~: ~를 좋아한다)

65

2 시간 묻기

시간을 묻는 법은 Hvad 다음 er klokken? 을 붙여준다. Hvor mange er klokken? 이라고 물을 수도 있다. 답변은 Den er 혹은 Klokken er 다음 시간을 말해준다. 마지막에 '지금'이란 뜻의 nu를 붙여서 지금 몇 시 인지 물어볼 수 있다.

Hvad er klokken? 몇 시 입니까?

Klokken er fire. / Den er fire. 4시 입니다.

4시 15분의 경우, 경과를 나타내는 over 를 써서 kvart over fire 와 같이 4시 하고도 15분이 지났다고 쓴다. 또한 15의 경우 1/4를 뜻하는 kvart을 이용해 나타낸다.

4시 5분: Den er fem (minutter) over fire.

4시 15분: Den er kvart over fire.

반면 5시 되기 15분 전, 즉 4시 45분을 이야기하려면 i 를 이용하여 kvart i fem 라고 해야 한다.

4시 45분: Den er kvart i fem.

4시 50분: Den er ti (minutter) i fem.

'~시 반'을 이야기 할 때는 halv 다음 '시각+1'한 숫자를 이야기해야 한다. 본문에서 halv fem 는 '5시 되기 30분 전'이기에 4시 30분을 의미한다.

4시 30분: Den er halv fem.

★시간 정리

Hvad er klokken? / Den er ~

4:00	fire	4 시
4:05	fem over fire	4 시 하고 5 분 후
4:10	ti over fire	4 시 하고 10 분 후
4:15	kvart over fire	4 시 하고 15 분 후
4:20	ti i halv fem	4 시 반 되기 10 분 전
4:25	fem i halv fem	4 시 반 되기 5 분 전
4:30	halv fem	4 시 반 = 5 시 되기 30 분 전
4:35	fem over halv fem	4 시 반 하고 5 분 후
4:40	ti over halv fem	4 시 반 하고 10 분 후
4:45	kvart i fem	5 시 되기 15 분 전
4:50	ti i fem	5 시 되기 10 분 전
4:55	fem i fem	5 시 되기 5 분 전
5:00	fem	5 시

3 숫자 (기수)

덴마크어 숫자는 특징적으로 21에서 99를 셀 때 '1자릿수+그리고+10자릿수'와 같은 형태로 말하며, 이는 한국어나 영어와는 다른 방식이므로 주의를 요한다. 예를 들어 21의 경우, 영어의 and에 해당하는 og를 써서 '1(en) 과(og) 20(tyve)'이라고 표현하여 enogtyve가 되었다.

0	nul	놀	18	atten	애튼
1	en/et	엔/엣	19	nitten	니튼
2	to	토	20	tyve	튀브
3	tre	트레	21	enogtyve	엔옷튀브
4	fire	피어	22	toogtyve	토옷튀브
5	fem	펨	...	...	
6	seks	섹스	10	ti	티
7	syv	슈	20	tyve	튀브
8	otte	오테	30	tredive	트레브
9	ni	니	40	fyrre	퓌아
10	ti	티	50	halvtreds	할트레스
11	elleve	엘바	60	tres	트레스
12	tolv	톨	70	halvfjerds	할퓌야스
13	tretten	트레튼	80	firs	피어스
14	fjorten	퓨오튼	90	halvfems	할펨스
15	femten	팸튼	...	...	
16	seksten	사이스튼	100	hundrede	후넬
17	sytten	슈튼	1000	tusind	투신

〈교통 관련 단어〉

역	station
차	bil
버스	bus
주유소	tankstation
기차	tog
신호등	trafiklys
노선도	linjekort
지하철	undergrundsbane
오토바이	motorcykel
자전거	cykel
정류장	stoppested
트램	sporvogn
기차역	jernbanestation
택시	taxi

Kapitel 9 Har du været i Korea?

Lumi: Jeg **ved, at** du har studeret koreansk i tre år.
야 베 엣 두 하 스투디엇 코레안스크
이 트레 오
Har du været i Korea?
하 두 베앗 이 코리아
Mari: Ja, jeg **har været** i Korea.
야 야 하 베앗 이 코리아
Det var for fem år siden.
뎃 바 포 펨 오 시든
Jeg **synes, at** Korea er et meget smuk**t** land.
야 쉬네스 앗 코레아 엣 말 스쿳 란드
Lumi: Ja, det er smuk**t**.
야 데 에 스쿳

9과 한국에 가본 적이 있나요?

루미: 저는 당신이 한국어를 3년 동안
공부해왔다는 것을 알고 있어요.
한국에 가본 적이 있나요?
마리: 네, 한국에 가봤어요
5년 전 이었습니다.
저는 한국이 매우 아름다운
나라라고 생각해요.
루미: 네, 아름답죠.

ved (vide) 알다

studeret (studere) 공부하다

i ~ år

~년 동안

været (være) 있다

for ~ sidan

~ 전에

synes 생각하다

at ~라고

meget 매우

smukt (smuk) 아름다운

land 나라

본문 팁

- 생각하다 동사

본문에서 쓰인 synes 동사의 경우, 본인의 경험에 기초한 의견을 말할 때 쓰인다.

이 외에 자주 쓰이는 동사인 tror 동사의 경우, 본인이 직접 경험을 하지는 않았으나 정보를 통한 예측 및 추측에 의한 '~라고 생각한다'라는 동사인 점에서 차이가 있다. 또한 이 동사에는 '믿는다'라는 의미 또한 내포되어 있다.

Han kom ikke i går. Så jeg synes, at han heller ikke kommer i dag.

그는 어제 오지 않았어요.

그래서 나는 그가 오늘도 오지 않을 것이라고 생각해요.

Jeg så ikke filmen. Men jeg tror, det er interessant.

나는 그 영화를 보지는 않았으나 재미있는 것 같아요.

1 주격보어 형용사의 변화 – 형용사의 서술적 용법

주격보어로서 형용사가 올 때, 형용사는 중성명사 주어에서는 t를, 복수 주어에서는 e를 붙인다.

따라서 본문과 같이 'Det + være 동사' 다음 주격보어로 형용사가 오는 경우 det의 성을 따라 형용사에도 t를 붙여줘야 한다.

본문 문장 Det er smukt 에서 형용사 smuk가 원형이나 여기에 t가 붙어서 smukt가 된 것도 이 때문이다.

> 단수양성주어 + er + 형용사
>
> 단수중성주어 + er + 형용사t
>
> 복수명사주어 + er + 형용사e

Bilen er stor. 그 차는 크다.

Huset er stort. 그 집은 크다.

Bilerne/Husene er stor**a**. 그 차들은/그 집들은 크다.

Det var koldt i går. 어제는 추웠다. (kold+t)

2 동사의 현재완료 <har + 과거분사>

덴마크어에서 현재완료는 have 동사의 현재형인 har에 동사의 과거분사를 붙여 나타낼 수 있다. 현재완료는 과거에서 일어난 일이 현재까지 계속되고 있는 상태를 나타낸다.

기본적으로 현재완료는 계속 (죽~해 왔다), 경험 (~한 적이 있다), 완료 & 결과 (~한 참이다, ~해버렸다) 등의 의미를 가진다.

경험: Har du været i Danmark?

덴마크에 가본 적 있습니까?

계속: Hvor længe har du boet i Danmark?

덴마크에서 얼마 동안 살았나요?

(Hvor længe: 얼마나 오랫동안, 영어의 How long에 해당)

완료, 결과: Jeg har lige læst bladet færdigt.

방금 잡지를 다 읽은 참이다.

(lige: 막, læst: at læse(읽다)의 과거분사)

3 종속절과 접속사 at

종속절은 대개 주절 뒤에 콤마(,) 다음에 붙는 종속접속사를 선행하는 절을 의미한다. 본문에서는 영어의 that에 해당하는 접속사 at이 종속절을 만드는 데 사용되었고, 때에 따라 생략 가능하다.

여기서 주절과 종속절의 큰 차이점이 있는데, 주절에서 부사 (ikke 아니다, aldrig 결코, altid 항상, gerne 기꺼이 등)는 동사 다음, 혹은 조동사와 일반 동사 사이에 위치하는 반면, 종속절에서는 부사가 (조)동사 앞에 온다는 점이다.

> **주절**
> 주어 + 동사1 + **부사** + (동사2) + 목적어 + 기타
>
> **종속절**
> 종속접속사 + 주어 + **부사** + 동사1 + (동사2) + 목적어 + 기타

Han er **ikke** koreansk.　그는 한국인이 아니다.

Han sagde, |at| han **ikke** er koreansk. 그는 한국인이 아니라고 말
했다.

이 외에 주요 종속접속사를 소개하면 다음과 같다.

om	~인지 아닌지
da(과거), når(미래)	~일 때
for at	~를 위해서
siden	~이래로
mens	~하는 동안
inden	~전에
selvom	~임에도 불구하고
fordi	~때문에
hvis	만약

4 부사

부사를 만드는 법은 일반적으로 형용사에 중성명사 수식에 쓰이는 어미인 t를 붙인다.

물론 –vis와 같은 다른 어미가 붙거나, ikke, aldrig, ofte, altid, gerne, her, der와 같이 그 자체로 존재하는 부사도 있다. 어미가 lig/ig인 형용사가 부사로 사용될 경우, 동사를 수식할 때만 t를 붙인다.

lykkelig → lykkeligt 행복하게

traditionel→traditionelt 전통적으로

fin→ fint 좋게

smuk→smukt 아름답게

heldig→heldigvis 운 좋게도

sandsynlig→sandsynligvis 아마

Kapitel 10 **Hvad koster det?**

Lumi: Hvad koster det?

바 코스터 데

Mand: Det koster 10 kroner.

데 코스터 티 크로너

Lumi: Og jeg **vil** have et æble og en banan.

오 야 빌 해ㅂ 엣 애블레 오 엔 배넨

Mand: **Vil** De have **et** grønt æble eller **et** rødt æble?

빌 데 하 엣 그론 에블레 엘레 엣 롯

에블레

Lumi: **Det** grønne æble og **den** gule banan, tak.

데 그로네 에블렛 오 덴 굴 배넨 탁

10과 이것은 얼마인가요?

루미: 이것은 얼마인가요?

남자: 그것은 10 크로네 입니다.

루미: 그리고 저는 사과 한 개와

　　　바나나 한 개를 원해요.

남자: 녹색 사과를 원하시나요

　　　아니면 붉은 사과를 원하시나요?

루미: 저 녹색 사과와

　　　저 노란 바나나로 주세요.

koster (koste)

값이 나가다

og 그리고

vil (ville) 원하다

have 가지다

æble 사과

banan 바나나

grønt (grøn) 녹색

rødt (rød) 빨강색

gule (gul) 노란색

- 가격 흥정 표현 Hvad koster det?
바 코스터 데

Hvad koster det? 은 가격을 물을 때 쓰는 표현이다. 영어의 How much 에 해당하는 표현인 Hvor meget 을 써서 Hvor meget koster det? 이라고 나타낼 수도 있고, bliver 동사를 써서 Hvor meget bliver det? 이라고 쓸 수도 있다. 대답의 경우 동사에 따라 Det koster/bliver~ 등으로 답할 수 있다.

덴마크의 화폐단위는 크로네(krone)로, 1 크로네의 경우 en krone라고 쓰지만, 2 크로네부터는 크로네의 복수형인 kroner를 쓴다. 따라서 물건의 가격을 답변해주려면 Det er/ koster ~ kroner. 라고 답하면 된다.

1 형용사의 명사 수식 – 형용사의 한정용법

1) 부정형 명사 수식

형용사가 부정형 명사를 수식할 때 양성명사 단수는 변화 없이 수식 할 수 있으나 중성명사에는 형용사에 -t를 붙인다. 또한 복수 명사에서는 성과 상관 없이 어미 -e가 붙는다. 복수 명사와 같이 쓰일 수 있는 alle(모든), mange (많은)가 앞에 올 때도 마찬가지로 '형용사e+복수 명사'가 된다.

또한 '형용사+명사' 앞에 hvilken/hvilket/hvilke와 같은 의문사나 nogen, anden (또 다른, 중성: andet, 복수: andre)과 같은 대명사, al(모든, 중성: alt, 복수: alle) 및 '그러한'이란 뜻을 가진 형용사 sådan가 올 때도 형용사와 같이 명사의 성과 수를 맞춰준다.

en + 형용사 + 양성명사
et + 형용사t + 중성명사
형용사e + 명사의 복수형

	양성명사	중성명사
단수	en stor bil	et stort æble
	한 큰 차	한 큰 사과
복수	store biler	store æbler
	큰 차들	큰 사과들

참고로 영어의 such에 해당하는 sådan의 경우, 영어의 경우 such a만 가능한 것에 반해 부정관사를 앞에 쓸 수도 있고, 뒤에 쓸 수도 있다. 부정관사를 뒤에 쓰는 경우 sådan가 명사의 성과 수에 따라 변화(sådan, sådant, sådanne)하는 특징을 가지고 있다.

sådan en bil = en **sådan** bil 그러한 차

sådan et æble = et **sådant** æble 그러한 사과

sådan nogle børn = **sådanne** børn 그러한 아이들

여기에 다른 형용사를 넣고자 한다면 sådan en stor bil(그러한 큰 차)와 같이 명사 앞에 넣어주면 된다. 물론 이때 형용사는 뒤의 명사의 성과 수에 따라 변화한다. (sådan en + 형 + 양성명사, sådan et + 형t + 중성명사, sådan nogel + 형e + 복수명사)

2) 정형 명사 수식

형용사가 정형 명사를 수식할 경우 형용사에 어미 e가 붙는다.
특히 명사의 정형어미가 빠지고 형용사 앞에 양성명사는 den,
중성명사는 det, 복수의 경우 de와 같이 명사의 성과 수에 맞
춰 정관사가 오게 된다. 덴마크어에는 정형어미가 있기 때문에
정관사는 형용사 앞에서만 쓰인다.

정관사 + 형용사e + 명사

	양성명사	중성명사
단수	**den** store bil	**det** store æble
	그 큰 차	그 큰 사과
복수	**de** store biler	**de** store æbler
	그 큰 차들	그 큰 사과들

3) 특정된 명사 수식

소유대명사(12과 참조), 소유격, 지시사 및 næste(다음의), samme(같은) 등과 같이 쓰여 특정된 명사를 형용사가 수식할 때, 성, 수에 관계없이 형용사에 어미 e를 붙여준다.

	양성명사	중성명사
단수	min store bil	mit store æble
	나의 큰 차	나의 큰 사과
복수	mine store biler	mine store æbler
	나의 큰 차들	나의 큰 사과들
단수	denne store bil	dette store æble
	이 큰 차	이 큰 사과
복수	disse store biler	disse store æbler
	이 큰 차들	이 큰 사과들

참고로 여기서 영어로 own에 해당하는 egen을 넣어 자신의 것임을 강조하고자 한다면 영어와 같이 (my own) 소유대명사 다음에 이를 넣어주면 되는데 egen 또한 성과 수에 따라 egen, eget, egne 로 변화한다.

	양성명사	중성명사
단수	min **egen** store bil	mit **eget** store hus
	내 소유의 큰 차	내 소유의 큰 집
복수	mine **egne** store biler	mine **egne** store huse
	내 소유의 큰 차들	내 소유의 큰 집들

2 조동사 ville

조동사 ville는 현재형 vil이 많이 쓰이며 계획되지 않은 일어날 법한 미래를 나타내거나, 의지, 희망의 뜻을 가지고 있다. 미래를 나타낸다는 점에서 영어의 will과 같을 것이라 생각할 수도 있으나, 대개 '~하고 싶다'는 뜻의 희망을 나타낼 때 많이 쓰인다는 점에서 영어의 want처럼 쓰일 때가 많다.

정중하게 본인이 원하는 것을 말할 때 쓸 수 있는 표현으로, 영어의 I'd like to에 해당하는 'Jeg vil gerne'를 익혀두도록 하자.

ville(원형) - vil(현재형) - ville(과거형) - villet(과거분사)

Hvad **vil** du drikke? 무엇을 마시고 싶으세요?

Jeg **vil** gerne have et glas øl. 맥주 한 잔 부탁합니다.

3 색

색 또한 형용사에 해당되므로, 몇몇 예외를 제외하고 명사의
성과 수에 따라 아래와 같이 변한다.
첫 단어가 원형으로, 명사 수식으로 원형에 t와 e가 붙을 때
약간씩 변하기도 하므로 주의해서 보도록 하자.

빨강색	rød,rødt,røde
분홍색	pink 혹은 lyserød, lyserødt, lyserøde
주황색	orange
노란색	gul,gult,gule
녹색	grøn,grønt,grønne
파랑색	blå,blåt
보라색	lilla
갈색	brun,brunt,brune
회색	grå,gråt
검은색	sort,sorte
흰색	hvid,hvidt,hvide

<식품 관련 단어>

빵	brød	완두콩	ært
초콜릿	chokolade	콩	bønne
쌀	ris	토마토	tomat
달걀	æg	양배추	kål
닭	kyllingekød	감자	kartoffel
소	oksekød	양파	løg
돼지	svinekød	마늘	hvidløg
순록	rensdyrkød	당근	gulerod
햄	skinke	과일	frugt
소시지	pølse	사과	æble
치즈	ost	배	pære
사슴	hjortekød	복숭아	fersken
오리	andekød	포도	drue
참치	tunfisk	바나나	banan
게	krabber	파인애플	ananas
새우	rejer	딸기	jordbær
		블루베리	blåbær

Kapitel 11 Hvordan kommer jeg til rådhuset?

Lumi: Hvordan kommer jeg til rådhuset?
보단 콤머 야 틸 로후셋
Frøken: Er du en rejs**ende**?
에 두 엔 라이스너
Gå lige frem og drej til venstre.
고 리 프람 오 드라이 틸 벤스터
Lumi: Er der et apotek i nærheden?
에 데 엣 아포텍 이 나허튼
Frøken: Apoteket **ligger** ved siden af kiosken.
아포터켓 리거 비 시덴 압 쿄스켄
Drej til højre ved rådhuset.
드라이 틸 회이어 베 로후셋

11과 시청에 어떻게 가나요?

루미: 시청에 어떻게 가나요?

아가씨: 여행자이신가요?

    죽 앞으로 가서

    왼쪽으로 도세요.

루미: 약국이 이 근처에 있나요?

아가씨: 약국은 키오스크

    옆에 있어요.

    시청에서 오른쪽으로 도세요.

kommer(komme) 도달하다

til ~으로

rådhuset(rådhus) 시청

rejsende 여행자

gå 가다

lige 죽

frem 앞

drej (dreje) 돌다

venstre 왼쪽

apoteket(apotek) 약국

i nærheden 근처에

ligger (ligge) (위치)~에 있다

ved siden af 옆

kiosken (kiosk) 키오스크

højre 오른쪽

ved 에서

본문 팁

- 길 안내 표현

위치를 물어보려면 Hvor er ~ (~는 어디인가요?)라고 하면 된다.
기본적으로 아래 3가지 표현은 익혀 놓도록 하자.

앞으로 죽 가세요 = Gå lige frem.

고 리 프렘

오른쪽으로 도세요. = Drej til højre.

드라이 틸 호이어

왼쪽으로 도세요. = Drej til venstre.

드라이 틸 벤스터

1 존재 구문 정리

소유구문에서 배운 Der findes외에도 본문에서 '~가 있다'라는 뜻으로 ligger 동사가 쓰였는데, 물건의 존재 상태에 따라 står, ligger, hænger 동사를 이용하여 어떻게 존재함을 나타낼수 있다. 가주어가 필요할 경우 der를 써줄 수 있다.

Der + star + 명사: 무엇인가가 서서 존재 할 때

Der står et slot. 한 성이 (서)있다.

Der + ligger + 명사: 가로 놓여서 존재 할 때

Avisen ligger på bordet. 신문이 테이블 위에 놓여 있다.

Der + hænger + 명사: 어딘가에 걸려서 존재 할 때

Et billede hænger på væggen. 그림이 벽에 걸려 있다.

2 동사의 명령형

동사 원형에서 e를 뗀 어간 부분이 명령형이 된다. 부정명령형을 만들려면 뒤에 ikke를 붙여주면 된다.

불규칙 동사와 같이 원형이 e로 끝나지 않는 동사는 원형 그대로가 어간으로, 원형이 명령형으로 쓰인다. (동사변화 참조)

약변화 1: at huske (기억하다) → Husk! 기억해!

약변화 2: at tala (말하다) → Tal! 말해!

불규칙: at spise (먹다) → Spis! 먹어!

3 동사의 현재분사

현재분사는 영어의 ing형에 해당하는 것으로 '~하는, ~하는 중'의 뜻을 가지며 어간에 ende를 붙여줌으로써 만들 수 있다. 현재분사는 형용사로서 명사를 수식할 수도 있고, 부사로 쓰이거나, 분사 자체가 명사처럼 쓰일 수도 있다.

have, gå, komme, blive 등의 동사와 함께 '~하며 (동사)한다'와
같은 뜻을 나타낼 수도 있다.

at græde (울다) → en grædende baby 울고 있는 아기
at studere (공부하다) → en studerende 학생
at rejse (여행하다) → en rejsende 여행자
at ligge (눕다) → Jeg <u>bliver</u> liggende hjemme.
나는 집에서 누워 있다.

4 동사 변화 정리

기본적으로 동사는 원형이 e, 현재형이 (e)r, 과거가 ede/te,
과거분사가 et/t로 끝나는 형태를 띄고 있다. 현재분사의 경우
동사의 어간에 –ende를 붙여주면 된다.

동사그룹	원형	현재형	과거형	과거분사
약변화 1	e 로 끝	-(e)r	-ede	-et
약변화 2			-te	-t
강변화(불규칙)	e 로 끝/ 불규칙	-r 로 끝/ 불규칙	불규칙	-t 로 끝/ 불규칙

1) 약변화1 그룹

원형에서 e를 떼면 어간으로, 이 자체가 명령형이 된다. 현재형은 어간에 (e)r을, 과거형은 ede를, 과거분사는 et를 붙여준다.

원형	현재형	과거형	완료분사	
e	**(e)r**	**ede**	**et**	
arbejde	arbejder	arbejdede	arbejdet	일하다
elske	elsker	elskede	elsket	사랑하다
forklare	forklarer	forklarede	forklaret	설명하다
huske	husker	huskede	husket	기억하다
bygge	bygger	byggede	bygget	짓다
tro	tror	troede	troet	생각하다
kigge	kigger	kiggede	kigget	보다
svare	svarer	svarede	svaret	대답하다
studere	studerer	studerede	studeret	공부하다
spørge	spørger	spurgte	spurgt	질문하다
åbne	åbner	åbnede	åbnet	열다
ringe	ringer	ringede	ringet	전화하다
lukke	lukker	lukkede	lukket	닫다

2) 약변화2 그룹

마찬가지로 동사원형에서 e를 뗀 형태가 어간으로, 현재형은 약변화 1그룹과 마찬가지로 어간에 (e)r을 붙여주나, 과거형은 te를, 과거분사는 t를 붙여준다는 점이 차이점이다.

원형	현재형	과거형	완료분사	
e	**(e)r**	**te**	**t**	
begynde	begynder	begyndte	begyndt	시작하다
sælge	sælger	solgte	solgt	팔다
tale	taler	talte	talt	말하다
tænke	tænker	tænkte	tænkt	사고하다
læse	læser	læste	læst	읽다
købe	køber	købte	købt	사다
bestille	bestiller	bestilte	bestilt	주목하다
besøge	besøger	besøgte	besøgt	방문하다
bruge	bruger	brugte	brugt	사용하다
føle	føler	følte	følt	느끼다
glemme	glemmer	glemte	glemt	잊다

hilse	hilser	hilste	hilst	인사하다
høre	hører	hørte	hørt	들리다
kalde	kalder	kaldte	kaldt	부르다
kende	kender	kendte	kendt	알다
møde	møder	mødte	mødt	만나다

3) 강변화

불규칙하게 시제가 변하는 동사를 강변화 동사라고 하며, 아래에 주요 불규칙 동사를 소개한다.

원형	현재형	과거형	완료분사	
være	er	var	været	이다
få	får	fik	fået	얻다
falde	falder	faldt	faldet	떨어지다
forstå	forstår	forstod	forstået	이해하다
gå	går	gik	gået	가다

96

gå	går	gik	gået	가다
give	giver	gav	givet	주다
gøre	gør	gjorde	gjort	하다
græde	græder	græd	grædt	울다
have	har	havde	haft	소유하다
hedde	hedder	hed	heddet	불리다
hjælpe	hjælper	hjalp	hjulpet	돕다
komme	kommer	kom	kommet	오다
lade	lader	lod	ladet	~하게 하다
lægge	lægger	lagde	lagt	놓다
ligge	ligger	lå	ligget	누워있다
rejse	rejser	rejste	rejst	여행하다
ryge	ryger	røg	røget	담배 피다
se	ser	så	set	보다
sidde	sidder	sad	siddet	앉다
sige	siger	sagde	sagt	말하다
skrive	skriver	skrev	skrevet	(글)쓰다

sove	sover	sov	sovet	자다
spise	spiser	spiste	spist	먹다
stå	står	stod	stået	서다
stjæle	stjæler	stjal	stjålet	훔치다
tage	tager	tog	taget	갖다
vælge	vælger	valgte	valgt	고르다
vide	ved	vidste	vidst	알다

▲ 덴마크 코펜하겐의 시청사

<장소 관련 단어>

약국	apotek	경찰서	politistation
영화관	biograf	우체국	postkontor
서점	boghandel	레스토랑	restaurant
도서관	bibliotek	병원	hospital
교회	kirke	대사관	ambassade
박물관	museum	백화점	stormagasin
은행	bank	극장	teater
		시청	rådhus

Kapitel 12 **Hvem er han?**

Sven: Hvem er han?
벰 에 한
Lumi: Han er **min** ven Minho.
한 에 민 벤 민호
Sven: Er han **ældre end** mig?
에 한 엘드레 엔 마이
Lumi: Han er **lige så** gammel **som** Mari.
한 애 리 소 감멜 솜 마리
Han er **den mest interessante** person,
한 에 덴 메스트 인트레산테 퍼숀
jeg nogensinde har mødt.
야 논신 하 묏
Sven: Hvor gammel er Mari?
보 감멜 에 마리
Lumi: Hun er 20 år gammel.
훈 에 투오 오 감멜

12과 이 사람은 누구 인가요?

스벤: 이 사람은 누구 인가요?

루미: 그는 제 친구 민호에요.

스벤: 그가 저보다 나이가 많나요?

루미: 그는 마리와 같은 나이에요.

 그는 제가 지금까지 만난 사람 중 가장 재미있는 사람이랍니다.

스벤: 마리는 몇 살인가요?

루미: 그녀는 20살이에요.

hvem 누구

min 나의

ven 친구

ældre 더 나이가 많은

end ~보다

lige så ~ som ~와 같은

mest 가장

interessant 재미있는

person 사람

nogensinde 지금까지 (영어의 ever)

mødt (møde) 만나다

gammel 늙은

år 년

- 나이 소개 **Hvor gammel er du?**
보 감말 에 두

형용사 gammel를 이용하여 Hvor gammel er du? 라고 하면 영어의 How old are you? 에 해당하는 나이를 묻는 표현이 된다.

답변으로는 Jeg er ~ år (gammel)가 되며, '저는 ~살 입니다'라는 뜻이 된다.

1 인칭대명사 소유격

인칭대명사 소유격은 명사의 성과 수에 따라 약간씩 변화한다. 또한 영어에서 's를 붙여 소유를 나타내는 것과 비슷하게 '~의'란 뜻을 나타내려면 아포스트로피(')를 쓰지 않고 명사에 바로 s를 붙여주면 된다.

	양성단수	중성단수	복수
나의	min	mit	mine
당신의	din	dit	dine
그의		hans	
그녀의		hendes	
우리들의		vores	
당신들의		jeres	
그들의		deres	
그것의	dens	dets	deres

min ven 내 친구, mit hus 내 집, mine venner 내 친구들

Karens ven 카렌의 친구

2 형용사의 비교급과 최상급

형용사에 비교급 어미-ere와 최상급 어미-est를 붙여서 비교급과 최상급을 나타낼 수 있다. 형용사 비교급 다음 비교의 end가 와서 '~보다 ~한'의 뜻을 나타낼 수 있다.

형용사 최상급에서 주의할 점은, 최상급 또한 여전히 형용사이므로 명사를 수식할 때 그 명사가 정형인 경우 형용사도 여기에 맞춰 최상급 어미에 e를 붙여준다. 이때 명사의 성과 수에 따라 최상급 앞에 정관사도 붙여준다.

Hun er smukk<u>ere</u> **end** Mari. 그녀는 마리보다 예쁘다.

Hun er smukk<u>est</u>. 그녀는 가장 예쁘다.

Hun er **den** smukkeste kvinde i verden.

그녀는 세상에서 가장 예쁜 아가씨이다.

1) 비교급 어미가 -ere, 최상급 어미가 -est인 경우

대부분의 형용사가 여기에 속한다. 단, 어미가-ig, -som으로 끝나는 형용사의 최상급은 st만 붙여주고, -en, -el, -er로 끝나는 형용사의 경우 앞의 e를 떼주고 어미를 붙여준다.

langsom (긴) – langsommere* - langsomst

morsom(웃긴) – morsommere*– morsomst

(*짧은 강세 모음 뒤 자음으로 끝나는 형용사는 비교급에서 마지막 모음을 중첩시킨다)

kedelig (지루한) – kedeligere – kedeligst

sikker (안전한) – sikrere - sikrest

2) 불규칙

	기본	비교급	최상급
좋은	god	bedre	bedst
나쁜	dårlig	værre	værst
늙은	gammel	ældre	ældst
적은	lidt, lille	mindre	mindst
많은 (+셀 수 있는 명사)	mange	flere	flest
많은 (+셀 수 없는 명사)	meget	mere	mest
소수의	få	færre	færrest
큰	stor	større	størst
젊은	ung	yngre	yngst
긴	lang	længere	længst

3) mere/mest+형용사 (↔ mindre/mindst +형용사)

긴 형용사, -isk, -et, -sk로 끝나는 형용사, 분사형에서 유래된 형용사 및 몇몇의 en으로 끝나는 형용사가 영어의 more, most 에 해당하는 mere와 mest를 형용사 앞에 넣어 비교급과 최상 급을 나타낸다.

반대로 영어의 less, least에 해당하는 mindre 와 mindst를 사용 하여 열등비교를 할 수도 있다.

예) praktisk(실제적인), interessant (재미있는),

spændende (즐거운), snavset(더러운)

3 형용사 동등비교 (lige) så ~ som

형용사의 동등비교는 (lige) så + 형용사 + som 형식으로 '~만큼 (형용사)하다'라는 뜻을 나타낸다. lige를 넣을 경우 '딱, 정확히 ~ 만큼 한' 이라는 뜻이 포함된다. 부정의 ikke를 앞에 넣어 ikke så ~ som 의 형태로 '~만큼 (형용사)하지 않다'를 표현할 수도 있다.

Hun er (lige) **så** stor **som** Elsa. 그녀는 엘사만큼 크다.

Hun er **ikke så** stor **som** Elsa. 그녀는 엘사만큼 크지 않다.

<사람 관련 단어>

어머니	mor	딸	datter
아버지	far	남자형제	bror
할아버지	bedstefar	여자형제	søster
할머니	bedstemor	소년	dreng
삼촌	onkel	소녀	pige
이모,고모	tante	친구	ven
아들	søn	남자	mand
		여자	kvinde

Kapitel 13 **Hvilken dato er det i dag?**

Lumi: Har du et enkelt værelse ledigt?
하 두 엣 엔켈 베세 레웃
receptionist: Hvor længe **skal** du **blive** her?
보 렝게 스칼 두 브리 헤아
Lumi: Fra lørdag til mandag.
프라 뢰다 틸 맨다
receptionist: Ja, det har vi.
야 데 하 비
Kan du udfylde denne formular?
칸 두 운필디 덴네 포물라
Lumi: **Hvilken dato er det i dag?**
빌켄 다토 에 데 이 데
receptionist: Det er 9. marts.
데 에 니너 마츠

13과 오늘이 며칠이죠?

루미: 가능한 싱글룸 있나요?

직원: 얼마 동안 지낼

　　　예정이신가요?

루미: 토요일부터 월요일까지요.

직원: 네, 하나 있습니다.

　　　여기를 작성해 주시겠어요?

루미: 오늘이 며칠이죠?

직원: 3월 9일 입니다.

---

enkelt værelse

　싱글룸

ledigt 가능한

Hvor længe

　얼마 동안

skal ~할 예정이다

blive 있다

her 여기

fra A til B

A부터 B까지

lørdag 토요일

mandag 월요일

udfylde 채우다

dato 날짜

i dag 오늘

- 하루 구분

덴마크어로 어제, 오늘과 같은 날을 나타내는 말과 하루를 구
분하는 법은 다음과 같다.

그저께	i forgårs	아침	morgen
어제	i går	오후	eftermiddag
오늘	i dag	저녁	aften
내일	i morgen	밤	nat
모레	i overmorgen		

1 조동사 skulle

조동사 skulle는 기본적으로 의지 미래 및 의무를 나타내어 '~할 예정이다' 혹은 '~해야 한다'라는 뜻을 가지고 있다. 또한 청유 및 추측을 나타낼 수도 있다.

vil의 경우 희망에 가까운 일어날 법한 미래를 이야기 한다는 점에서 skal을 쓰면 좀 더 확정적인, 예정된 미래임을 알 수 있다.

skulle (원형) – skal (현재형) – skulle (과거형) – skullet (과거분사)

Han **skal** komme i tide. 그는 늦게 않게 와야 합니다.

Jeg **skal** flytte til Seoul. 나는 서울로 이사할 예정입니다.

Skal vi have en kop kaffe? 커피라도 한 잔 할까요?

2 동사 blive

본문 여러 곳에서 쓰인 blive 동사를 정리해보면, 기본적으로 blive 동사는 영어의 become에 해당하는 '되다'라는 뜻을 가지고 있다. 이 뜻의 연장선 상에서 과거분사와 함께 쓰여 수동의 의미를 나타낼 수 있다. (16과 참조)

또한 blive 동사는 '계속~이다'라는 뜻이 있어, 11과에서 본 바와 같이 현재분사와 같이 쓰여 지속되고 있는 상태를 나타낼 수도 있다. 이 의미에서 발전하여 '계속(장소에) 남아 있다', 즉 '체재하다'라는 의미 또한 가지고 있다.

blive (원형) – bliver(현재형) – blev(과거형) – blevet(과거분사)

Hvad kan jeg **blive**? 나는 뭐가 될 수 있을까요?

Min søn **bliver** 2 år gammel i dag.

내 아들이 오늘 2살이 됩니다.

Det **bliver** koldere. 더 추워지고 있습니다.

Hvor meget **bliver** det? 얼마가 되나요? (=얼마예요?)

Han **blev** hjemme i dag. 그는 오늘 집에 있었다.

3 숫자 서수 및 월, 요일, 날짜

덴마크어의 서수는 아래와 같으며, 일, 월, 년 순으로 표기하는 것이 원칙이다. 날짜는 영어처럼 정관사+서수 형태로 나타낸다. 본문의 3월 9일의 경우 den niende marts 와 같이 말한다.

1	første	16	sekstende
2	anden	17	syttende
3	tredje	18	attende
4	fjerde	19	nittende
5	femte	20	tyvende
6	sjette	21	enogtyvende
7	syvende	30	tredivte
8	ottende	40	fyrretyvende
9	niende	50	halvtredsindstyvende
10	tiende	60	tresindstyvende
11	ellvte	70	halvfjerdsindstyvende
12	tolvte	80	firsindstyvende
13	trettende	90	halvfemsindstyvende
14	fjortende	100	hundrede
15	femtende	1000	tusinde

월의 경우 '~월에'라고 하려면 전치사 i를 써서 i marts 와 같이 쓴다.

요일의 경우, på를 붙여 på tirsdag 와 같이 쓰면 '화요일에'라는 뜻이 되며, 다음주 화요일의 경우 영어의 next에 해당되는 næste를 써서 'næste +요일'로 표현한다.

1 월	januar	월요일	mandag
2 월	februar	화요일	tirsdag
3 월	marts	수요일	onsdag
4 월	april	목요일	torsdag
5 월	maj	금요일	fredag
6 월	juni	토요일	lørdag
7 월	juli	일요일	søndag
8 월	august		
9 월	september		
10 월	oktober		
11 월	november		
12 월	december		

4 주요 전치사

덴마크어의 전치사는 영어의 전치사로 완벽히 대응되어 번역될 수는 없으나, 비슷한 뜻을 나타내는 경우도 많다. 아래는 주요 영어와 덴마크어의 전치사를 비교해 놓은 것으로, 영어에 익숙한 한국인들에게 있어서 아래 표는 전치사를 익힐 때 이해도를 높일 수 있을 것이다.

about	om	in front of	foran
above	ovenfor	in spite of	på trods af
according to	i henhold til	next	(næste), ved siden af
after	efter	of, by	af
among	blandt	on, at	på
around, about	omkring	over	over
before	før	since	siden
behind	bag	through	gennem
below	nedenfor	till	til
beside	ved siden af	than	end
between	mellem	to	til
down	ned	towards	mod
for	for	under	under
from	fra	with	med
in	i	without	uden

<집안 사물 관련 단어>

엘리베이터	elevator	문	dør
선반	hylde	진공 청소기	støvsuger
창문	vindue	책상	bord
냉장고	køleskab	전화	telefon
지붕	loft	벽	væg
부엌	køkken	소파	sofa
장롱	klædeskab	텔레비전	fjernsyn
욕실	badeværelse	컴퓨터	computer
램프	lampe	의자	stol
마루	etage	오븐	ovn
침실	soveværelse	커튼	gardin
카펫	tæppe	화장실	toilet
거실	stue	침대	seng

▲ 코펜하겐의 한스 안데르센 (Hans Andersen) 동상

Kapitel 14 **Skal vi gå i biografen?**

Lumi: Hej Sven, går du **hjem**?
헤이 스벤 고 두 헴
Skal vi gå i biografen?
스칼 비 고 이 비오그라픈
Sven: Nej, jeg **må** gå nu.
나이 야 모 고 누
Min hund er **hjemme** alene, og han er syg.
민 훈더 에 예매 알레네 오 한 에 쉬
Minho: Hvorfor **skynder** han **sig**?
보포 스퀴너 한 사이
Lumi: Han **bekymrer sig** om **sin** hund.
한 비퀸머 사이 옴 신 훈

14과 영화 보러 갈래요?

루미: 안녕 스벤,

　　지금 집으로 가나요?

　　영화 보러 갈래요?

스벤: 아뇨, 지금 가야 해요.

　　제 개가 집에 혼자 있고

　　아프답니다.

민호: 왜 그가 서두르나요?

루미: 그는 그의 개를

　　걱정하고 있어요.

går (gå) 가다

hjem 집으로

biografen 영화

må ~해야 한다

nu 지금

hund 개

alene 혼자

hjemme 집에

syg 아픈

skynder sig 서두르다

bekymrer sig 걱정하다

sin 그의

본문 팁

- 청유 표현 Skal vi

청유 문장으로 자주 쓰이는 구문으로는 조동사 skulle를 이용한 'Skal vi~'가 있다. 여기서 Skal은 청유의 의미를 나타내며 (13과 참조) 영어의 shall we와 비슷한 표현이다.

'~하지 않을래요?'의 경우 'Skal vi ikke~'라고 하면 된다.

또한 영어의 Let's 와 같은 표현으로 'Lad os + 동사원형'을 쓰기도 한다.

참고로 디즈니 애니메이션 '겨울왕국(Frozen)'의 유명한 노래 '같이 눈사람 만들래? (Do you wanna build a snowman?)'의 덴마크어 제목 또한 Skal vi ikke lave en snemand? 이다.

1 정적, 동적 부사

한국어의 경우, '~으로', '~에', '~으로부터' 등의 조사가 붙어 명사의 상태와 이동을 나타내는 것처럼 덴마크어에서는 상태와 이동을 나타내는 부사를 이용하여 이를 나타낼 수 있다.

즉, 정적인 동사에는 정적 부사를 붙여 상태를 나타내고, 이동성을 나타내는 동사에 동적 부사를 붙여 움직임을 나타낸다.

Han bliver **hjemme**. 그는 집에 있다.
Han går **hjem**. 그는 집으로 간다.

	상태	이동
	정적(~에서)	동적(~으로)
안	inde	ind
밖	ude	ud
위	oppe	op
아래	nede	ned
앞	fremme	frem
떨어진	borte	bort
집	hjemme	hjem
건너편	ovre	over
저기	henne	hen

*동적 부사와 같이 쓰이는 동적 동사

 : komme(오다), afgå(출발하다) gå(가다), køre(운전하다),

 løbe(달리다), rejse(여행하다), flyve(날다)

*정적 부사와 같이 쓰이는 정적 동사

 : være(있다), hænge(걸려있다), blive(머무르다), ligge(눕혀 있다),

 sidde(앉다), stå(서 있다)

Jeg bliver hjemme.

나는 집에 있어요.

Jeg går hjem.

나는 집으로 가요.

2 재귀 동사와 재귀 대명사

재귀 대명사란 문장의 주어와 목적어가 동일함을 나타내는 대명사로, 1,2인칭은 대명사의 목적격과 같으나 3인칭만 sig로 다르다는 점을 유의하자.

또한 이러한 재귀대명사와 함께 쓰여 특정 의미를 나타내는 동사를 재귀 동사라고 한다. 즉, 주어 자체를 목적어로 취하는 동사를 재귀 동사, 이 목적어가 재귀 대명사가 된다.

비교) Hun vasker barnet. 그녀는 그 아이를 씻긴다.

Hun vasker **sig**. 그녀는 자신을 씻는다.

(그녀 본인이 목적어)

주요 재귀 동사: sætte sig (앉다), rejse sig (서다),

gifte sig(결혼하다), barbere sig(면도하다),

kede sig (지루해지다), øve sig(연습하다)

3 재귀 소유 대명사

3인칭 주어인 문장에서 주어와 그 소유 관계가 일치 할 때, 재귀형의 소유대명사를 쓴다.

명사의 성과 수에 따라 sin(양성), sit(중성), sine(복수)를 취한다.

비교) Sven elsker <u>hans</u> hund.

스벤은 그의(=본인의 개가 아닌 다른 남자의) 개를 좋아한다.

Sven elsker <u>sin</u> hund.

스벤은 그의(=본인 소유의) 개를 좋아한다.

4 조동사 måtte

기본적으로 조동사 måste는 영어의 must와 비슷하게 의무, 필요의 '~하지 않으면 안 된다'라는 뜻과 '~임에 틀림없다'라는 단정의 의미를 가지고 있다.

또한 '~해도 된다'는 허가의 뜻도 가지고 있으며, 부정문으로 쓰면 금지의 뜻을 나타낸다.

덴마크어의 경우 'Må jeg~' 표현이 영어의 'May I~'와 비슷하게 쓰일 수 있음을 기억하자.

måtte(원형) – må(현재형) – måtte (과거형) – måttet(과거분사)

Jag **må** gå nu. 나는 지금 가야 합니다.

Han **må** være syg. 그는 아픈 것임에 분명합니다.

Må jeg ryge her? 여기서 담배를 피워도 되겠습니까?

Du **må** ikke ryge her. 여기서 담배를 피워서는 안됩니다!

Kapitel 15 Smager det godt?

Lumi: Undskyld, dette er ikke et glas vin,

운쉴 뎃데 에 이케 엣 글라스 빈

- **som** jeg bestilte.

솜   야 베스틸테

Jeg vil have et glas rødvin.

야 빌 해 엣 글라스 로빈

Mari: Åh, **det er** mig, **som** bestilte et glas hvidvin.

오 데 에 마이 솜 베스틸테 엣 글라스 휘빈

Lumi: Smager det godt?

스매아 데 곳

Mari: Ja, skål!

야 스콜

15과 맛있나요?

루미: 저기요,

　　이것은 제가 주문한

　　와인이 아니에요.

　　저는 레드 와인을 원해요.

마리: 아, 화이트 와인을

　　주문한 사람은 저랍니다.

루미: 맛있나요?

마리: 네, 건배!

glas 잔

vin 와인

som (관계대명사)

bestilte(bestille)

주문하다

vil 원하다

rødvin 레드 와인

hvidvin

화이트 와인

smager(smage)

맛 나다

godt 좋은

skål 건배

본문 팁

- 식당에서 쓸 수 있는 표현

레스토랑에 가면 보통 웨이터가 '무엇을 마시/드시겠습니까?'
라는 뜻의 'Hvad vil du gerne drikke/spise?'라고 질문을 한다.

이때 '물 한잔 부탁합니다'라고 말하고자 한다면, 우선 '~를
원합니다'에 해당하는 표현인 'Jeg vil have~'라고 한 다음 원하
는 것인 et glas vand을 말하면 된다. 특히 음료의 경우 앞에 잔,
병 등을 같이 말해줌으로써 몇 잔, 몇 병인지 이야기 할 수 있
다. 영어와는 달리 따로 전치사를 넣지 않아도 된다.

참고로 '건배!'에 해당하는 표현은 'Skål!'이다.

en kop kaffe 커피 한 잔(컵)

en kop te 차 한 잔(컵)

et glas vin 와인 한 잔

et glas vand 물 한 잔

en flaske øl 맥주 한 병

1 관계 대명사

영어의 관계대명사의 경우, which, who, that 등 다양한 종류가 있으나 덴마크어의 경우 선행사가 사람일 때 사물일 때 상관 없이 som이 관계대명사로 쓰인다. 주격 관계 대명사로는 som 과 der이 있으며, 목적격 관계대명사로는 som이 쓰이나 생략 가능하다. 소유격은 hvis이다.

주격	소유격	목적격
der, som	hvis	(som)

Jeg kender en mand, der er koreansk. 나는 한국인인 남자를 안다.

Jeg kender en mand, (som) Mari elsker.

나는 마리가 좋아하는 남자를 안다.

2 강조 구문

Det er 다음 강조하고자 하는 내용을 넣고 som으로 수식하여 강조 구문을 만들 수 있다. 강조 부분이 주격일 때만 som이 생략 불가이며, 목적격일 때에는 생략 가능하다. 또한 부사절 을 강조 시에는 접속사 at을 이용할 수 있다.

> **Det er + 강조내용, som/der + 나머지**

Mari møtte Sven i går. 마리는 어제 스벤을 만났다.

→ Det var Mari, **som** møtte Sven i går. 어제 스벤을 만난 사람은 마리이다.

→ Det var Sven, **som** Mari møtte i går. 마리가 어제 만난 사람은 스벤이다.

→ Det var i går, **at** Mari møtte Sven. 마리가 스벤을 만난 때는 어제이다.

3 조동사 정리

지금까지 배운 조동사 및 기타 조동사의 변화형을 아래에 소개한다. burde 또한 '~해야 한다', '~할 필요가 있다' 라는 뜻을 가지고 있다.

원형	현재형	과거형	과거분사	
skulle	skal	skulle	skullet	확정 미래, 의무
ville	vil	ville	villet	단순 미래, 희망
kunne	kan	kunne	kunnet	가능, 추측, 능력
måtte	må	måtte	måttet	의무, 추정
burde	bør	burde	burdet	필요

<요리 관련 단어>

아침 식사	morgenmad	점심	frokost
에피타이저	forret	우유	mælk
잼	syltetøj	맥주	øl
꿀	honning	메인 코스	hovedret
저녁 식사	aftensmad	팬케이크	pandekage
아이스크림	is	으깬 감자	kartoffelmos
디저트	dessert	스테이크	bøf
식수	vand	후추	peber
커피	kaffe	샐러드	salat
케이크	kage	겨자	sennep
소스	sovs	설탕	sukker
수프	suppe	소금	salt
미트볼	frikadelle	차	te
		와인	vin

Kapitel 16 **Min cykel blev stjålet.**

Mari: Du **ser** trist **ud**. Hvad skete der?
두 세 트리슷웃 바 스케데 디
Lumi: Jeg har ondt i hovedet nu.
야 하 온트 이 호우 누
Min cykel **blev stjålet**.
민 쉬켈 블 스티욜렛
Jeg forstår ikke, **hvorfor** jeg **ikke** låste min cykel.
야 포스토 이케 보포 야 이케 로스테 민 쉬켈
Mari: Jeg ved, **hvor** den er!
야 베 보 덴 에
Jeg så cyklen i dag!
야 소 쉬켄 이 데

16과 제 자전거를 도둑맞았어요.

마리: 슬퍼 보여요.

무슨 일인가요?

루미: 지금 머리가 아파요.

제 자전거를 도둑맞았어요.

왜 제 자전거를 잠가두지

않았는지 이해가 안돼요.

마리: 저 어디에 있는지 알아요!

오늘 그 자전거를 봤어요!

ser ~ ud

~해 보이다

trist 슬픈

skete (ske) 일어나
다

ondt 아픔

hoved 머리

cykel 자전거

stjålet 도둑맞은

forstår (forstå) 이
해하다

hvorfor 왜

låste (låse) 잠갔다

ved (vide) 알다

hvor 어디

så (se) 보다

본문 팁

- 아픔을 나타내는 표현

'Jeg har ondt i (신체)'라고 하면 '~가 아프다'라는 뜻이 된다.

참고로 병원에 갔을 때 의사가 '어디가 아프세요?'라고 물을 때 들을 수 있는 표현으로는 'Hvad er klagerne?'가 있다.

1 수동태

 덴마크어의 수동태는 크게 두 종류가 있는데, 하나는 영어의 수동태 문장과 비슷하게 bilver 동사, 혹은 være 동사 다음 과거분사를 붙여주는 형태이며, 동사에 s를 붙여주는 s수동태 형이 있다.

1) blive + 과거분사

 가장 자주 쓰는 구어적인 수동태 형으로 'blive 동사 + 과거분사' 형태를 취한다. 1회성의 사건에서 쓰이며, 시제에 따라 bli 동사가 변화한다. 영어의 by 에 해당하는 '~으로부터'의 뜻을 나타내려면 af를 붙여준다. 완료형의 경우 har 동사가 아닌 er 동사를 써서 'er blevet+과거분사'의 형태를 취한다.

 blive 동사 대신 være 동사를 사용하여 'være + 과거분사' 형태도 수동태로 쓰일 수 있는데, 이 경우 상태, 결과를 나타낸다는 점에서 변화, 움직임, 수동 행위 자체를 나타내는 'blive + 과거분사'와는 약간 차이가 있다.

blive (원형) – bliver (현재형) – blev (과거형) – blevet (과거분사)

 Min cykel blev stjålet. 내 자전거를 도둑 맞았다. (동작, 행위)

 Min cykel var stjålet. 내 자전거가 도둑 맞아져 있다. (상태)

Sven elsker Mari. 스벤은 마리를 좋아한다.

→ Mari **bliver** elsket af Sven. 마리는 스벤으로부터 사랑 받는다.

→ Mari **blev** elsket af Sven. 마리는 스벤으로부터 사랑 받았다.

→ Mari **er blevet** elsket af Sven.

마리는 스벤으로부터 사랑 받아왔다.

2) s 수동태

목적어가 주어가 되는 수동형 문장에서, 타동사 어간에 s를 붙여 수동의 의미를 나타낼 수 있는데, 이를 s 수동태라고 한다.

이 수동태의 경우 좀 더 문어적으로, 보편적인 내용이나 습관적인 행위, 즉 규칙이나, 설명서 등에서 많이 볼 수 있다. 또한 bli 동사를 이용한 수동태와는 다르게 시제에 제한이 있어, 완료형이 없다는 특징이 있다.

Blomsterne må ikke plukkes. 꽃은 꺾이지 말아야 한다.

= 꽃을 꺾지 마시오.

또한 이러한 '동사 +s' 형태에는 수동 외에 다른 용법도 존재하는데, 이 중 잘 쓰이는 것이 바로 형태는 수동이나 뜻은 능동인 이태(異態)동사로 쓰이는 것이다.

존재 구문에서 배웠던 'Der findes~' 형태로 많이 쓰이는 finde 동사가 대표적이다. finde 동사 자체는 '찾다'라는 의미이나, s 수동태 형태로 쓰이면서 '~가 존재하다'라는 새로운 뜻을 가지면서 능동으로 쓰인 것을 볼 수 있다.

또한 '생각하다'라는 뜻으로 쓰였던 synes또한 같은 경우이다. 이러한 이태동사는 원래 동사와는 약간 다른 뜻으로 쓰일 때가 많으므로 따로 외워두어야 한다.

예) mindes (기억하다), mislykkes(실패하다), lykkes(성공하다), findes(존재하다), trives(~인 것 같다), færdes (움직이다)

s수동태 형은 이 외에도 '서로 (같이) ~하다'라는 의미의 상호동사로써도 쓰인다. 대표적인 예로는 1과에서 배운 헤어질 때 쓰는 인사표현인 'Vi ses'가 있다. 즉, '보다'라는 동사 se에 s가 붙어 '서로 같이 보자' 즉, '(다음에) 보자'라는 인사 표현으로 정착되었다.

또한 동사의 의미상 '만나다'라는 의미의 møde 동사에도 s를 붙여서 쓸 수 있다.

Hyggeligt at mødes.   (서로) 만나서 반갑습니다.
=Hyggeligt at møde dig. (당신을) 만나서 반갑습니다.

2 간접 의문문

간접 의문문은 문장 내에 의문사로 시작 되는 종속절이 들어 있는 경우로, 주절과 달리 의문사로 시작되는 종속절에서도 ikke와 같은 부사가 오는 경우에는 동사 앞에 와야 한다. 본문 hvorfor jeg ikke låser min cykel에서 ikke가 동사 앞에 온 이유도 이 때문이다.

접속사 om을 쓰면 '~인지 아닌지'라는 뜻이 된다.

Vet du, hvor han bor? 당신은 그가 어디에 사는지 아나요?

Vet du, hvorfor han ikke kom? 그가 왜 안 왔는지 아나요?

3 '~처럼 보인다' 구문

se 동사와 전치사 ud 사이에 형용사를 넣어 'ser 형용사 ud'의 형태로 '~해 보인다'라는 뜻을 나타낼 수 있다. 'ser ud til~'의 구문으로 명사나 구를 받을 수도 있다.

Han **ser** glad **ud**. 그는 행복해 보인다.

Du **ser** træt **ud**. 너 졸려 보여.

<신체 관련 단어>

신체	krop	발	fod
가슴	bryst	배	mave
귀	øre	손	hånd
눈	øje	어깨	skulder
다리	ben	얼굴	ansigt
등	ryg	입	mund
머리	hoved	코	næse
머리카락	hår	팔	arm
목	hals	허벅지	lår
무릎	knæ		

Kapitel 17 **Hvordan bliver vejr i dag?**

Mari: Hvordan bliver vejret i dag?

　　 보단 블리어 베엇 이 데

Mor: **Det** regner nu.

　　 데 라이너 누

　　 Men det er koldt at gå ud uden et tørklæde.

　　 멘 데 에 칼드 엣 고 우 우덴 엣 토클

Mari: Får vi sne i morgen?

　　 포 비 스네 이 모은

　　 Hvis det ikke sner, kan vi ikke gå på ski.

　　 비스데 이케 스네 칸 비이케 고 포 스키

17과 오늘 날씨는 어떤가요?

마리: 오늘 날씨는 어떤가요?

어머니: 지금 비가 오고 있단다.

그렇지만 목도리 없이

밖에 나가기엔 추워.

마리: 내일 눈이 올까요?

만약 눈이 오지 않으면 우리는

스키 타러 갈 수 없어요.

vejr 날씨

regnar 비오다

men 그러나

koldt 춥다

ud 밖

uden ~없이

tørklæde 목도리

sne 눈

hvis 만약

på ~하러

ski 스키

– 날씨 표현

날씨를 묻는 표현으로 'Hvordan bliver vejret?'가 쓰인다.

날씨를 설명하려면 가주어 det을 이용하여 'Det + 자동사' 혹은 'Det er + 형용사' 형식으로 답하면 된다.

이때 형용사의 서술적 용법 때문에 가주어 det의 보어로 쓰이는 형용사에는 t를 붙여줘야 함을 기억하자.

예) 좋은 날씨 입니다. Det er fint vejr.

안 좋은 날씨 입니다. Det er dårligt vejr.

바람이 세게 붑니다. Det blæser stærkt.

1 det의 용법

한국어의 경우 주어를 생략해서 말하는 경우가 많으나, 덴마크어에서는 형식적으로라도 주어가 꼭 필요한데, det이 이때 가주어로서 쓰이게 된다. 가주어 det은 영어의 it 만큼이나 다양한 용법을 가지고 있다.

1) 행위자를 알 수 없는 경우, 날씨와 같은 자연현상을 나타낼 때 및 자동사의 주어

Det sner. 눈이 옵니다.

Det regner. 비가 옵니다.

Det er koldt. 추워요.

Det er varmt. 더워요.

Det ringer. 전화가 와요.

2) 'Det er 형용사 (for 주어) at 동사' 구문

Det은 '(동사)하게 되어 (형용사)하다'라는 구문의 형식주어
로 쓰일 수 있다.

Det var hyggeligt at møde dig.

당신을 만나게 되어 반갑습니다.

Det er svært for mig at tale koreansk.

한국어를 말하는 것은 저에게 있어서 어렵습니다.

2 가정법

'만약'을 뜻하는 종속접속사 hvis를 이용하여 가정법을 나타
낼 수 있다. Hvis 절 또한 종속절이므로 부사는 항상 동사 앞
에 와야 함을 명심하자.

또한 조건절이 주절 앞에 쓰일 경우 뒤의 주절은 도치 된다.
현재, 미래의 불확실한 내용을 가정할 때 동사는 현재형을, 현
재 사실과 반대되는 내용을 가정할 때 동사는 과거형이 된다.

Hvis det sner, kan vi gå på ski. = Vi kan gå på ski hvis det sner.

눈이 오면 우리는 스키를 갈 수 있다.

Hvis det **ikke** sner, <u>kan vi</u> ikke gå på ski.

= Vi kan ikke gå på ski hvis det **ikke** sner.

눈이 오지 않으면 우리는 스키를 갈 수 없다.

Hvis jeg havde penge, ville jeg købe et hus.

내가 돈이 있으면 집을 샀을 텐데.

 계절

참고로 올해의 계절을 말하려면 til을 붙여 아래와
같이 말하면 된다.

봄	여름	가을	겨울
forår	sommer	efterår	vinter

올해 봄	올해 여름	올해 가을	올해 겨울
til foråret	til sommer	til efteråret	til vinter

〈날씨 관련 단어〉

맑은	klar	눈	sne
화창한	solrig	바람	vind
흐린	overskyet	폭풍우	storm
바람이 쌘	blæsende	눈보라	snestorm
구름	sky	무지개	regnbue
안개	tåge	서리	frost
천둥	torden	일기예보	vejrudsigt
비	regn	기온	temperatur
		습도	fugtighed

MP3 파일 다운 링크